JUST START, DON'T BE CHICKEN!

쫄지 말고 창업

JUST START, DON'T BE CHICKEN!

이희우 지음

이콘

내가 사랑하는 세 여인 명진, 하은, 다은에게
이 책을 드립니다.

인생은 여행이다. 창업도 여행과 같다. 이 두 가지 모두 시작이 있으면 끝도 있다. 끝이면 다 끝난 것이다. 그런데도 끝나지 않고 남은 것이 있다면 그건 그동안 살아온 흔적이겠지. 바로 인생여정.

그럼 어떻게 살 것인가? 사실 이 질문은 잘못된 것이니 '왜 사느냐?'로 고쳐 물어야 한다. 창업도 이와 마찬가지라서 '무엇을 할 것인가?' 혹은 '어떻게 할 것인가?'보다는 '왜 창업을 했느냐?'가 바른 질문이다. 이 질문에 제대로 답할 수 있다면 어떻게 사업을 이끌어갈지에 대한 답도 나올 수 있고, 그래야 자신의 목적지 근처에 도착할 수도 있다. 나는 이런 생각들을 이 책에 담고 싶었다.

이 책은 경험을 바탕으로 한 나의 수줍은 고백이다. 사람들은 흔히 자신보다 조금 잘나 보이는 사람을 경계하는 경향이 있다. 어쩌면 나도 그런 위치에 있는 것인지도 모른다. 하지만 나란 인간은 그렇게 경계까지 해야 할 종류의 사람이 결코 아니다. 누구보다 많이 엎어졌고 어처

구니없는 실수도 여러 번 했으니까. 그런 어설픈 내 모습을 이 책에서 보다 보면 독자들도 '저놈도 별것 아니군' 하고 느낄 수 있을 것이다. 그러면 내 글은 어느 정도 성공한 셈이다. 혹 '어? 처음엔 별것 없는 것 같은데 자꾸 읽다 보니 뭔가 있는 것 같기도 하네?' 싶어진다면 그건 대성공인 것이고.

내 글이 책으로 나오기까지는 많은 이들의 도움이 있었다. 먼저 내가 글을 어디에 연재할까 고민하고 있을 때 플래텀을 소개해준 이그나잇 스파크의 최환진 대표님, 그리고 흔쾌히 지면을 허락해준 플래텀의 조상래 대표님과 손요한 이사님께 감사드린다. 연재를 마치고 출판사를 찾을 때 자신의 번역서 『승려와 수수께끼』를 펴낸 이콘출판사를 소개시켜준 신철호 님도 고맙고, 내 원고를 거의 절반 가까이 쳐내고 새롭게 쓰게끔 지속적으로 괴롭힌 이콘출판사의 김승욱 대표도 고맙다. 사실 그 덕분에 책의 완성도가 많이 높아졌으니까. 아울러 편집과 디자인에 애써준 손길들에게도 감사의 마음을 전한다.

아차, 하나 더 있다. 2013년 2월부터 1년 반 넘게 써온 글들을 한 번도 읽지 않고 그냥 내버려둔 아내의 무관심에 감사를 보낸다. 그 무관심 덕분에 난 자유롭게 글을 쓸 수 있었다.

2014년 6월 어느 날, 양재동에서
이희우

이 책의 매력 포인트!

　이희우 대표님을 처음 뵈었던 것은 내가 공동창업자 두 명과 창업한 지 얼마 되지 않았을 때였다. 아쉽게도 그때 인연은 맺지 못했지만 그 후 '쫄지 말고 투자' 같은 방송이나 업계 모임에서 뵙고 종종 인사드렸는데 이제는『쫄지 말고 창업』으로 변신하신 모습에 깜짝 놀랐다.

　이 책에는 사업계획서 작성, 투자, 재무, 회계 등 창업과 관련된 많은 과정에 대한 이희우 대표님의 솔직담백한 시각이 담겨 있다. 무엇보다 쫄지 않고 용기를 갖춰야 하는 창업자들에게 이 책을 필독서로 꼭 추천하고 싶다.

　　　　　　　　　　　　　　　 – 이정웅, 선데이토즈(애니팡) 대표

　『쫄지 말고 창업』에는 벤처투자자로 커리어를 시작해 수많은 시행착오를 거친 투자경험 끝에 결국 직접 창업까지 한 이희우 대표의 체험이 읽기 쉽게 녹아 있다. 소년 같은 열정을 지닌 이 대표의 좌충우돌 경험이 무척이나 솔직하게 담겨 있어 재미있을 뿐 아니라 '쫄투' 팟캐스트를 진행하면서 그가 만난 수많은 한국 스타트업의 생생한 이야기도 덤으로 얻을 수 있다.

　　　　　　　　　 – 임정욱, 스타트업 얼라이언스 센터장, 전 라이코스 대표

창업자들의 도전기가 담긴 책은 많지만 투자자가 어떻게 투자를 배워가는지에 대한 책은 흔치 않다. 이희우 대표님은 내가 만난 투자자들 중 가장 유쾌한 분이다. 하지만 단순히 그것만이 그분의 매력은 아니다. 이 대표님과 이야기를 나누다 보면 많은 통찰력도 얻을 수 있는데, 그것은 벤처투자자로서 이 대표님이 걸어온 개인적인 역사가 한국 벤처투자계의 역사를 관통하고 있기 때문일 것이다. 벤저민 그레이엄과 워런 버핏이 말했던 가치투자의 원칙을 지키지 않아 손해를 입었던 이야기, 박사논문을 쓰던 시기에 어이없게 걸려든 보이스 피싱을 통해 겸손을 배웠던 이야기 등 이 책에 실린 많은 에피소드들을 통해 독자들도 창업과 투자에서의 중요한 가치가 무엇인지 그 힌트를 찾길 바란다.

— 김봉진, 우아한형제들(배달의 민족) 대표

17년 전 어느 날 내가 근무하던 한국종합기술금융(현 KTB네트워크) 복권부에 두 명의 신입사원이 들어왔는데, 한 명은 유난히 키가 크고 다른 한 명은 유난히 작아서 마치 서수남, 하청일 콤비 같다며 다들 웃었던 기억이 난다. 그런데 수줍음 많고 회계업무를 어려워하던 그 작은 직원은 몇 년 후 영화투자자, 상장회사의 CFO를 거쳐 글로벌 벤처캐피털인 IDG벤처스의 한국 대표 및 린 스타트업 창업자로 성장했고, 그간 겪은 경험을 바탕으로 이 책을 펴내기에 이르렀다. 벤처투자자와 창업자 양쪽의 입장을 균형감 있게 서술한 이 책을 창업을 꿈꾸는 젊은이들은 물론 벤처투자자들에게도 꼭 권하고 싶다.

－ 신진호, KTB네트워크 대표

　　이희우 대표님이 도전을 찾고 즐기는 분이시라는 것은 '쫄투'를 함께 진행하면서 익히 알고 있었지만 이토록 다이내믹한 삶을 추구하고 계시다는 것은 이 책을 통해서야 비로소 알 수 있었다. 이 책은 이 대표님이 자신의 다양한 경험을 벤처투자와 창업, 그리고 그 뒷이야기와 함께 엮어 풀어낸, 국내 최초의 '벤처 창업 드라마'일 것이라 생각된다. 실리콘밸리에 랜디 코미사의 『승려와 수수께끼』가 있다면 한국에는 이희우의 『쫄지 말고 창업』이 있다. 창업의 실마리를 찾고자 하는 예비 창업자들에게 일독을 권한다.

－ 송은강, 캡스톤파트너스 대표

『쫄지 말고 창업』은 벤처투자업계에서 오랜 경험을 쌓은 저자의 생생한 지식과 혜안이 모두 담겨 있는 글들의 모임이다. 하지만 지루하거나 딱딱하지 않은, 친구나 형님이 이야기해주는 듯한 문체로 쓰였기에 편안한 마음으로 술술 읽을 수 있다. 소탈하고 겸손한 저자의 평소 자세와 가치관이 책 속에 고스란히 녹아 있기 때문에 기존 창업 관련서들과 달리 따뜻함과 친밀감을 느끼며 미소 지을 수 있는 좋은 책이라 생각되어 감히 추천한다. 예비 창업자들이 두려움 없이 '쫄지 말고' 창업할 수 있게끔 도움을 주는 좋은 가이드가 하나 더 생겨서 기쁘다.

– 권도균, 이니시스, 이니텍 창업자 및 프라이머 대표

그동안 내가 봐왔던 이희우는 참 끈기 있는 사람이다. 나도 8년째 매월 스타트업 네트워크 모임인 '고벤처포럼'을 운영해오고 있지만 저자 역시 스타트업 토크쇼 '쫄투'를 3년 넘게, 그것도 매주 진행해오고 있기 때문이다. 단순한 의무감에서라면 스타트업 관련 모임을 그렇게 오래 지속하기는 어려울 터. 그 근간에는 분명 그 일을 즐기는 마음과 더불어 스타트업 창업자들에 대한 진한 애정이 있을 것이고, 저자는 그런 자신의 마음과 애정 모두를 이 책에 담은 것 같다.

창업은 힘든 길이다. 그래서 그 길을 미리 걸어간 선배들의 얘기와 조언은 창업을 함에 있어 큰 도움이 된다. 이 책에는 십수 년간 벤처 투자자로 수많은 스타트업의 흥망을 보아왔고 '쫄투'를 통해 창업자들과 함께 비즈니스를 고민해온 저자의 통찰력이 고스란히 들어 있다. 창업을 꿈꾸는 이라면 이제 그리 두려워하지 않아도 될 듯하다. 바로 이 책이 있으니.

– 고영하, 고벤처포럼 창업자 및 (사)한국엔젤투자협회 협회장

　　스타트업 생태계 안에서 늘 많은 벤처투자자들을 접하지만 이희우 대표님의 존재는 유독 각별하게 느껴지곤 한다. 예비 창업자들을 위한 활발한 강의와 방송에 그치지 않고 급기야 직접 창업에 나설 정도의 열정과 실천을 보여준 저자의 모습은 벤처투자자들에게도 귀감이 된다. 투자자와 창업자 사이의 깊은 교감은 이런 실천을 통해 가능한 것이기 때문이다.

　　창업과 투자에 대한 책들은 많지만 『쫄지 말고 창업』처럼 감정선이 살아 있고 생생한 책은 드물다. 창업 및 투자유치 과정을 이해하는 데 있어 무척 유용하면서도 전혀 딱딱하지 않고 재미있는 책이다. 그러니 창업자들이여, 쫄지 말고 꼭 읽어보라!

– 강석흔, 본엔젤스벤처파트너스 이사

이 책의
매력
포인트!

CONTENTS

2장 미니 창업교실

3장 어느 벤처투자자의 창업 분투기

나는 벤처투자자다. 또한 '요즘예능'이란 모바일 앱을 서비스하는 먼데이펍MondayPub의 창업자다. 그리고 110회가 넘게 진행된 스타트업 start-up 토크쇼 '쫄지 말고 투자하라(이하 '쫄투')'의 진행자다. 더불어 스타트업을 위한 창업교육 프로그램 '쫄지 마! 창업스쿨'의 운영자 겸 대표 강사이며, 한 인터넷 매체에 '쫄지 마! 인생!'이란 제목으로 1년간 투자경험을 연재한 칼럼니스트이기도 하다.

나도 모르는 사이에 어느 순간부터 '쫄지 말고'라는 단어는 나와 동일시되어 있었다. 나는 그 '쫄지 마 정신'으로 스타트업 창업자들과 함께 거침없이 달려왔다. 내가 스타트업에 이렇게 헌신하게 된 것은 그저 그들과 있으면 즐거워서이지 다른 이유는 없다. 이렇게 변화된 시점은 아마도 '쫄투'를 진행하면서부터인 것 같다.

초대받지 못한 파티, 그리고 '쫄투'의 인연

한창 무더웠던 2011년 7월 말, 나는 포트폴리오 회사와 함께 중국 최대의 게임쇼인 차이나조이China Joy에 출장을 갔다. 그리고 7월 28일 저녁, 상하이上海에 있는 페닌슐러 호텔을 찾았다. 1년 전 그곳에 묵었으면서도 홍역에 걸리는 바람에 황포강 건너 푸동浦東의 야경을 즐기지 못했던 한을 풀기 위해 다시 그 호텔을 찾은 것이다. 황포강을 떠다니던 화려한 불빛의 유람선과 푸동의 스카이라인은 지금도 잊을 수 없다. 그 멋진 야경을 바라보며 네오플럭스Neoplux의 이범준과 와인을 한 잔 들이켰다. 그때 범준이가 말을 꺼냈다.

"형님, 어제 텐센트 파티에 왜 안 오셨어요?"
"아, 그거……. 나는 초대받지 못했거든."
"아니, 왜요? 텐센트, 캡스톤과 함께 투자도 많이 하셨잖아요?"
"글쎄, 그게 좀……. 근데 넌 초대를 받아서 간 거냐?"
"뭐 그런 게 있었겠어요? 그래도 무턱대고 그 파티가 열리는 동방명주 빌딩으로 찾아갔더니 들어가게 해주던데요."
"그래? 하하. 네가 나보다 낫네."

중국 최대의 게임 퍼블리셔 및 인터넷 기업(QQ 메신저, WeChat 등)인 텐센트Tencent는 국내 PC방을 점령하고 있는 '리그 오브 레전드' 개발사인 라이엇게임즈Riot Games의 최대주주이자 국내 최대 메신저 카카오Kakao의 2대 주주이며, 국내 게임 '던전 앤 파이터'와 '크로스 파이어' 등의 중국 퍼블리셔이기도 하다. 또한 2008년에 한국 시장으로 진출한 이래 게임펀드(캡스톤이 운용함)도 만들어 국내 게임회사에 많은 투자를 하고 최근엔 CJ게임즈에 5,000억 원이 넘는 자금을 투자하는 등 국내 시장에서도 큰손으로 활동하고 있다. 텐센트 파티는 그런 텐센트가 주최하는 차이나 조이 최고의 파티로, 한국의 모든 게임회사들과 관련 투자자들이 참가하고 싶어 하는 파티이기도 하다. 그런데 그 파티에 나는 초대받지 못한 것이다.

그렇게 출장을 다녀왔다. 출장 말미에 설사병이 생기는 바람에 돌아오는 비행기 안에서는 거의 초주검이 되었지만 첫 번째 출장 때와 달리 이번엔 격리되지 않고 무사히 상하이를 탈출할 수 있었다(이와 관련된 이야기는 뒤에서 다시 하기로 하자). 상하이는 나와 뭔가 잘 맞지 않는 도시임이 분명하다.

그리고 8월 11일 밤, 집에서 혼자 맥주를 마셨다. 상하이에서의 텐센트 파티가 문득 떠올랐다. 맥주 한 캔이 더 추가된다. 뭔가 꿈틀댄다. 캔 하나가 더 까진다. 노트북이 꺼내지고, 어느 순간에 음주메일이 하나 보내진다. 새벽 1시 13분.

보낸 사람: Matthew Lee ****@idgvk.com
날짜: 2011년 8월 12일 오전 01시 13분 32초 KST
받는 사람: ****@cspartners.co.kr
제목: China Joy 관련
송은강 대표님, IDG 이희우입니다.

지난 7월 말에 상하이는 잘 다녀오셨는지요? 저도 그때 그곳에 있었는데 인사 못 드려 죄송합니다.

텐센트와 IDG가 공동으로 투자했던 A사, B사와 함께 출장을 갔음에도 불구하고 제가 텐센트 파티에 초대를 받지 못해 아쉬움은 있었지만, 무대뽀로 파티에 다녀와서 파티 얘기를 들려준 네오플럭스의 이범준을 보면서 위로를 받기도 했습니다.

동방명주를 바라보며 와이탄外灘에서 맥주를 들이키던 심정은 아직도 생생합니다. 같이 간 포트폴리오 기업들은 동방명주에서, 저는 와이탄에서…….

내년인 2012년의 차이나 조이에서는 텐센트 파티의 말석에라도 참석할 수 있게 허해주신다면 그 은혜 결코 잊지 않겠습니다.

이희우 올림

보내고 나서 보니 얼굴이 화끈거린다. 음주메일은 역시 쓰는 게 아닌 것 같다. 보낸 메일을 지울 수 있다면 얼마나 좋을까 후회가 밀려왔지만, 이미 상황은 엎질러진 물이었다.

며칠 지나 송 대표님으로부터 답장이 왔다. 미리 알았다면 도움을 줄 수 있었을 것이라 아쉬워하시면서 다음엔 꼭 가능하게 해주신다는 내용이었다. 이메일을 읽으면서도 얼굴이 뜨거워졌다.

그로부터 2주 가까이 지난 8월 25일, 진천 아트밸리에서는 벤처캐피털 친목 골프대회가 있었다. 아침부터 부슬부슬 내리는 비를 뚫고 운전해 가는 그 길이 그날은 유난히도 힘들게 느껴졌다. 도착해서 함께 플레이할 조를 편성했는데 우연히도 송 대표님과 같은 조가 되었다. 티업을 하고 서너 번째 홀을 지날 즈음, 내가 입을 열었다.

"송 대표님, 지난번에 음주메일 보내서 너무 죄송합니다."
"아뇨, 괜찮습니다. 다음에 또 그런 일이 있으면 제게 미리 말씀해주세요."
"거듭 죄송합니다."

민망했던 이메일 사건은 그렇게 일단락되었다. 지금 생각해도 죄송한 마음을 금할 수 없다.

다시 두 달여 후인 2011년 10월 12일, 모바일 투자에 관심 있는 벤처캐피털들의 모임이 도곡동의 '사리원'에서 있었다. 점심식사가 다 끝나갈 무렵 송 대표님이 잠깐 얘기 좀 더 할 수 있냐며 입을 여셨다.

"이 대표님, 혹시 나꼼수 들으시나요?"
"나꼼수요? 들어는 봤습니다."
"그럼 혹시 벤처캐피털판 나꼼수를 만들어보는 건 어떠세요?"
"어떤 식으로요?"
"스타트업을 초대해서 토크쇼 형식으로 투자심사를 하는 거죠."
"재밌겠는데요. 한번 해보시죠."

'쫄투'의 아이디어 회의는 그렇게 시작됐다. 처음의 콘셉트는 '공격과 방어'였다. 즉, 송 대표님이 섭외한 스타트업을 내가 공격하면 송 대표님은 회사를 도와 방어하고, 내가 섭외한 스타트업은 그 반대로 진행하는 식이었다. 그렇게 해야만 신랄하게 그 회사를 파헤칠 수 있을 것 같아서 결정한 방향이었다. 물론 나중에는 내가 약간 힐링 모드로 변질(?)되긴 했지만…….

그런데 문득, 송 대표님은 왜 나와 함께 팟캐스트를 하자고 했는지 궁금해졌다. 치기 어린 투정을 부렸던 나를 무슨 이유에서 '쫄투' 진행자로 초대해주신 것이었을까? 그래서 한번 물어본 적이 있는데 송 대표님 왈, 지난번에 케이블 프로그램인 '슈퍼앱 코리아'에서 내가 심사하는 것을 봤는데 이런 걸 잘할 것 같아서 먼저 말을 꺼내셨단다. 아, 그때가 생각난다. 케이블로 방송되는 애플리케이션 경진대회에 심사위원으로 나갔는데, 카메라에 한 번 더 잡혀보려고 수염도 기르고 멘트도 독하게 날렸지. 물론 그 콘셉트를 살려 '쫄투'를 찍으면서도 수염은 계속 기르게 되었고.

2011년 11월 1일, 씽크리얼즈(쿠폰모아)의 김재현 대표님을 시작으로 '쫄투'는 막을 올렸다. 그리고 매주 진행한 '쫄투' 시즌 1은 19개월간 82회에 걸쳐 방송됐다. 시즌 1에 출연했던 80여 개 기업 중 25개사가 투자를 유치했고, 5개사가 출연 이후 투자회수exit에 성공했다. 무엇보다도 개인적으로는 쫄투를 통해 너무나 훌륭한 스타트업 창업자분들을 뵙게 되었고, 나 또한 많은 것을 얻고 배울 수 있어 좋았다.

'쫄투'는 라이엇게임즈의 홍준 본부장, 은행권청년창업재단D.Camp 양

석원 팀장의 기획 및 섭외, 송은강과 이희우의 진행, 그리고 소리웹 이용진의 제작으로 시작되었고, 현재 시즌 2가 절찬 진행 중이다. 유튜브YouTube에서 '쫄투'로 검색하면 다양한 스타트업의 초창기 모습을 볼 수 있다.

'쫄투'의 인연은 내게 '쫄지 말고' 시리즈를 허락해주었다. '쫄지 말고'라는 단어는 나만의 창업스쿨인 '쫄지 마! 창업스쿨'로 확대되어 2012년 12월부터 현재까지 2,000여 명이 넘는 제자를 육성해냈다. 그들은 각종 창업경진대회에서 수상을 하고, 투자를 유치했으며, 멋진 투자회수까지 보여주고 있다. 대표적인 제자만 해도 2013년 네이버Naver에 인수된 '번개장터(퀵켓)'의 장영석 이사, 투자 유치에 성공한 '언니의 파우치'의 전지훈 대표, '와이디어(코디북)'의 강하늘 대표, 각종 창업 경진대회에서 수상한 '브이터치V-Touch'의 김석중 대표 등이 있다.

그러나 강의를 통해서만 창업관련 정보를 알려주는 데는 아무래도 한계가 있었다. 그래서 스타트업 미디어인 플래텀Platum에 연재하게 된 것이 이희우의 '쫄지 마! 인생'이란 칼럼이다. 연재했을 당시의 반응이 나쁘지 않았던 것이 지금 이 책으로 연결된 것임은 부인할 수 없다.

'쫄지 말고'라는 말에는 참 많은 뜻이 내포되어 있는 것 같다. 자기 욕망에 충실한 삶을 살라는 의미도 있고, 남의 눈치 보며 기 죽지 말고 주도적으로 삶을 살라는 의미까지. 주도적인 삶을 살려면 남의 밑에 들어가서 일하는 것보다는 자기 일을 하면서 사는 편이 더 낫지 않을까? 그런 의미에서 어쩌면 창업이란 것도 자기 인생을 주도적으로 살아보는 하나의 과정이 아닐까 싶다.

벤처투자자였던 내가 어쩌다 '쫄투'라는 놈에 빠졌고, 지금도 창업교육에 매진하고 있으며, 그리고 그것에 만족 못하고 궁극적으로 창업까지 하게 되었는지 지금부터 그 얘기를 펼쳐본다.

JUST START, DON'T BE CHICKEN!

1장

나는 벤처투자자다

인생은 길다. 그 긴 인생에서 자신이 하고 싶은 일을 하기 위해서는 일정 정도의 희생이 필요하다. 이 단계에서 무엇보다 필요하고 선결되어야 하는 것은 그 일을 위한 기초를 다지는 작업이다. 그런 기초는 꼭 자기가 원하는 일을 하지 않더라도 얼마든지 쌓을 수 있다. 그런데 현재 자신이 하는 일이 하찮고 볼품없게 느껴진다고 해서 이 단계를 건너뛰려고 하면 정작 중요한 일을 하지 못하게 될 수도 있다.

1 벤처투자자
_ 입문기

    IMF 이전 대한민국이 한창 성장을 구가하던 1996년 7월, 삼성SDS 입사가 확정된 나는 4학년 1학기 여름방학 때 삼성의 인턴교육에 참여했다. 하지만 시작부터 나를 아찔하게 한 것이 있었으니 이름 하여 7-4제. 7-4제는 글자 그대로 7시부터 4시까지 근무하는 제도였는데, 인턴사원들도 새벽 7시까지 출근해서 교육을 받으란다. 유독 아침잠이 많은 나에게는 거의 실현 불가능한 주문이었지만, '그래도 삼성이잖아' 하는 생각에 출근을 마음먹었다.

    교육시간은 프로그래밍 강의로 구성되었다. C언어, 시스템 등 어쩌고 저쩌고 떠드는데 경제학 전공자인 나는 도무지 알아들을 수가 없다. 차라리 C언어로 프로그래밍이 아닌 시를 쓰라고 하면 그게 더 자신 있는데. 새벽부터 저녁 늦게까지 프로그래밍에 매달리며 열흘을 보내다 보니 머리가 거의 돌 지경이었다.

저녁 때 서강대 캠퍼스 잔디밭에서 하숙집 친구와 술을 마셨다. 당시는 캠퍼스에서 술 한잔 하는 정도는 허용되던 시대였으니까. 술 마시고 떠들다 12시 넘어 집으로 돌아왔다. 잠결에 태어나서 처음으로 가위에 눌렸는데, 신기하게도 나를 짓눌렀던 것은 '컴퓨터'였다. 내가 프로그래밍을 본능적으로 싫어하긴 했나 보다. 컴퓨터에도 가위가 눌리다니.

그러다 눈을 뜨니 이미 8시. 죽었다. 9시쯤 회사에 도착했다. 인사부 직원이 부른다. 나보다 어려 보이는 여자분이었다. 인턴사원이 정신이 나갔다느니, 그런 정신 상태로는 삼성에 들어올 생각도 하지 말라느니 하며 호통을 친다. 그것으로 나와 삼성의 인연은 끝났다.

석 달 뒤인 10월, 도서관 앞에서 친구들과 노닥거리고 있는데 앞에 있던 경영학과 애들이 떠드는 소리가 들린다.

"야, 영화투자하면서 놀고먹는 금융회사가 있대."
"뭐? 그게 어딘데?"
"한국기술금융(현 KDB캐피탈)이라고, 우리 선배가 있는데 영화투자하고 만날 배우들이랑 놀고 그런다던데?"
"맞아. 학과 사무실에서 거기 입사원서를 나눠주더라고."

1996년은 벤처캐피털이 영화에 투자하기 시작하던 해였다. 강제규 감독의 〈은행나무 침대〉가 아마도 벤처캐피털이 처음 투자한 영화가 아니었나 싶다. 어쨌거나 그 대화에 내 귀는 쫑긋 섰고, 눈은 번쩍였다.

'영화투자 하면서 회사를 다닌다? 이거 괜찮겠는데?'

곧바로 경제학과 사무실로 가서 알아보니, 한국기술금융 입사원서 다섯 장이 있긴 한데 신청자의 성적 순으로 나눠준단다. 당시에는 온라인 지원 같은 것이 없었기 때문에 각 회사들은 학교 및 학과를 선택해서 제한적으로 입사원서를 배포할 뿐이었다. 난 학과의 공고게시판에 내 이름을 적어두었다.

며칠 후, 내 바로 앞 순서에서 원서가 마감되었다는 소식을 들었다. 성적 때문에 친구들에게 밀린 것이었다. 암울했다. 내 평점은 4.3 만점 기준에 3.01점. 학점 짜기로 유명한 서강대에서도 특히나 더 짠 경제학과였지만 상위 30% 안에는 들 거라고 자부하는 성적이었는데, 내가 가고 싶은 회사의 입사원서도 못 받다니 충격이었다.

그리고 또 2주가 흐른 뒤, 한국종합기술금융(KTB, 현 KTB네트워크) 원서 배포 공지가 올라왔다. 원서 경쟁에서 실패했던 한국기술금융의 이름에 '종합'이라는 글자만 더 들어간 회사였다. 이름이 거의 비슷한 것을 보니 여기도 영화투자를 하는 회사처럼 보였다. 나는 바로 입사원서를 신청했고 이번에는 다행히 받을 수 있었다. 이것이 나와 KTB, 나와 벤처캐피털의 첫 인연이었다(나중에 알았지만 당시 KTB에는 영화투자 부서가 없었고, 입사 뒤 3년이 지나서야 생겼다).

1996년 11월의 어느 토요일. 여의도 전경련빌딩(당시 KTB는 전경련빌딩에 입주해 있었다) 앞에 전세버스 두 대가 서 있었다. 그날은 서류전형과

1차 영어시험(인터뷰 포함)을 통과한 지원자들이 1차 집단면접을 하는 날이었고, 운 좋게 나도 그 안에 끼어 있었다. 아침 9시, 35명씩 두 대의 버스에 나눠 탄 총 70명의 입사지원자들은 노트 한 권과 펜 한 자루, 그리고 토론면접 주제가 적혀 있는 시험지 한 장을 받았다. 버스가 출발하자 승객들(?)은 시험지를 꺼내들고 토론을 준비했다. 지금도 어렴풋이 기억나는 토론 주제들로는 1)포르노 전용 상영관, 2)국가보안법 폐지, 3)기부입학금 제도, 4)지하경제 활성화 방안 등이 있다.

버스가 가평 KTB 연수원에 도착할 때까지 제대로 쉬지도 못했건만, 지원자들은 도착하자마자 정신없이 점심식사부터 하고 역시 35명씩 나뉘어 1, 2층 강당으로 이동했다. 난 1층 강당으로 배치됐고, 곧이어 자기소개 면접이 시작되었다. 앞에 있는 강단에 나가서 3분간 자기소개, 입사지원동기 등을 말하는 시간이다. 뒤에 있는 인사부 직원은 큰 소리로 남은 시간을 알리는데, 2분 50초부터는 경고음을 들려주고 3분이 되면 마이크를 꺼버린다. 살벌한 분위기다.

벤처캐피털. 1차 면접에 가면서도 그 단어의 뜻조차 몰랐던 내겐 발표 순서가 뒤쪽이라는 것이 천만다행이었다. 앞의 친구들이 자기소개 및 지원동기를 얘기하는 동안 난 벤처캐피털이 무슨 일을 하는 곳인지 다 파악했고 그것으로 내 스토리를 만들기 시작했다. 그리고 드디어 다가온 내 소개시간.

"벤처캐피털은 모험자본입니다. 리스크를 지면서 투자하는 자본이죠. 멋진 아이디어라 하더라도 그것을 상용화하고 사업화하고 키워가는 데까지는 많은 도움이 필요합니다. 사람도 마찬가지입니다. 막 태어난 아기가 부모의 보살핌 아래에서 보호받으며 자라고 교육도 받아야 제대로 사람 구실을 할 수 있듯이 막 생긴 기업들에게도 그런 부모 역할을 해주는 자본이 있어야 하는데, 그것이 바로 벤처캐피털입니다. 전 그런 역할을 이 회사에서 하고 싶습니다."

이어진 집단토론. 여덟 명씩 소그룹으로 나눈 다음 한 가지 주제를 가지고 찬반 양쪽 편으로 나눠 치열하게 공격과 방어를 하는 시간이다. 토론은 면접관 두 분의 주관하에 총 두 번 정도 하게 되는데, 나는 두 번 모두 학교 동기인 이승헌, 김종필과 함께했다. 그것도 인연이다.

기부금 입학제에 대한 의견을 묻는다. 당시에도 '이빨'로 유명했던 김종필이 토론을 주도한다. 그에 밀리지 않고 느린 듯하지만 정확한 논조를 이어가는 이승헌. 내가 조금 밀린다. 토론이 거의 끝나갈 무렵 난 마지막 발언을 청했다.

"지금까지 기부금 입학제에 대해 많은 논쟁이 있었지만, 어느 유명한 경제학자는 '이 세상 어떤 사람보다 부자들이 병원을 더 많이 지었다'라고 말한 바 있습니다. 이것으로 제 의견을 대신하겠습니다."

1997년 1월, 난 KTB에 합격했다. 그때 함께 입사한 동기들은 십수 년이 지난 현재 카카오, 미샤Missha, 파티게임즈Patigames, 선데이토즈 SundayToz, 컴투스Com2us 등에 투자한 우리나라 대표 벤처투자자로 성장했다. 나만 빼고. 그래서 내가 아직도 이런 글 나부랭이이나 쓰고 있는지도 모르지만.

2 미뤄놓은
_ 2년 반

벤처캐피털 입사의 기쁨도 잠시, 바로 이어진 부서 배치는 나를 절망에 빠뜨렸다. CRDC(연구개발실용화사업팀)이라는 이름부터가 아찔했다. 팀이 무슨 일을 하는지도 모르겠다. 도대체 투자할 돈도 안 주는데 어떻게 남들이 연구개발한 것들을 상용화시킬 수 있단 말인가? 그런 전문성이 있는 것도 아닌 상대 출신 두 명이서 뭘 어떻게 하라는 건지도 도통 모르겠고, 이럴 거면 왜 나를 뽑은 것인지도 알 수 없었다.

퇴근하고 돌아온 자취방에서 나는 과연 KTB에서 내 꿈을 펼칠 수 있을지를 고민하며 밤마다 머리를 부여잡았고, 그 고통에서 벗어나고자 나의 암흑기였던 고등학교 시절을 배경 삼아 소설을 쓰기 시작했다. 그래도 '회사 관둘까?' 하는 생각은 매일 머릿속을 떠나지 않았다.

5개월을 견뎠다. 밤마다 소설을 쓰면서. 대학 3학년이 되면서 나의 염

세주의는 거의 극복되었다고 자부했는데 그게 직장 초년병 시절에 다시 찾아오다니. 밤 10시 이후 맥주 광고만 보면 어김없이 편의점으로 달려가 맥주를 사 마셨다. 신경도 덩달아 예민해져서 내가 잠든 뒤 룸메이트가 들어오면 경기 일으키듯이 일어났다가 다시 잠들지 못하는 날이 부지기수였다.

여름으로 접어들 무렵 있었던 조직개편에서 나는 다른 부서로 배치되었다. 복권부. 당시 KTB는 과학기술부 산하 공기업이었기 때문에 과기부의 복권 사업(더블복권, 기술복권)을 운영하고 있었다. 벤처캐피털사에서의 두 번째 부서도 복권부인 데다가 설상가상으로 담당업무는 내가 지긋지긋해하는 '회계'였다. 그 부서에서 만난 두 번째 상사 P. 나보다 열세 살은 많고 회계업무만 10년 넘게 하신 그분 앞에서 난 너무나도 보잘 것 없는 애송이 신입사원이었을 뿐.

"이희우 씨, 대학에서 회계 배웠지?"

"네. 배우긴 했는데……."

"근데 좋은 대학까지 나온 사람이 차변, 대변도 제대로 모르나!"

"그게……."

1학년 때 수강했던 '회계원리' 과목에서 나는 D학점을 받았고, 재수강을 미루고 미루다 제대 후 복학해서 겨우 B로 올려놓았다. 하지만 난 '차변' '대변'이라는 회계용어부터가 그냥 싫었다. 그냥 왼쪽, 오른쪽 해도 되지 않나?

회계에 대한 P의 구박은 갈수록 더 큰 스트레스로 다가왔고, 나중에는 아래 여직원도 날 무시하는 것 같았다. 밟을수록 더 꿈틀거리며 일어나는 게 나의 본성이었던가? 난 입사동기 안상준(현 코오롱인베스트먼트 상무), 입사후배 정문희(현 데브시스터즈 부사장)를 꼬셔서 당시 최고의 회계학원이었던 홍대 부근 웅지회계학원의 중급회계 과목 수강을 등록했다. 원장님이 직접 강의하는 그 과목을 들으면서 난 감가상각비가 뭐고 대손상각비가 뭔지 서서히 알아가기 시작했다. 두세 달쯤 지나 회계에 대해 조금씩 알게 되면서부터는 P의 업무지시에 내 나름의 대응도 할 수 있게 되었다.

복권부로 발령받은 지 6개월이 넘어 연말이 다 되어갈 무렵에는 나 혼자 결산까지 할 수 있는 수준에 도달했다. 그리고 난 P에게 소심한 보복(?)을 하기 시작했다. 기존 관행처럼 처리되어오던 복권부 회계를 내가 배운 회계기준에 맞게 모두 재조정해버린 것이다. 특히 복권회계에서 가장 중요한 비용항목을 차지하는 당첨금 추정 부분에는 나만의 새로운 논리를 개발해서 적용했다. 이론에서도 P에 결코 밀리지 않았다. 구박받으면서 품은 독기가 나를 회계전문가로 만든 것이다.

비록 P 때문에 스트레스를 받긴 했지만, 나는 인생을 함께할 귀중한 선배들을 복권부에서 만났다. 신진호(현 KTB네트워크 대표), 유우재(현 KTB네트워크 이사) 그리고 동기 남경우. 신 대표님은 나의 인생에서 정신적인 멘토 역할을 해주고 계신 분이다. 내가 튜브인베스트먼트(현 HB인베스트먼트), IDG^{International Data Group} 등에서 힘들어할 때마다 "희우야,

갈 데 없으면 KTB로 다시 와"라는 말로 나에게 용기와 희망을 불어넣어주셨다. 신 대표님의 따스한 말 한마디는 '희우야, 세상과 더 부딪쳐봐. 넌 잘할 수 있어. 그러다 깨지고 힘들고 쓰러지면 너한텐 돌아올 고향이 있잖아'라는 의미로 내게 다가왔다. 애처가(?) 유우재 형은 내 지나친 장난과 농담도 잘 받아주는 따뜻한 선배다. 남경우는 지금 인도네시아에 있어 연락이 잘 되지 않지만 내가 어려웠던 시기에 함께 술잔을 기울여주고 함께 있어준 멋있는 남자다. 이 복권부 식구들은 내 인생의 큰 재산이 되었다.

사회에서의 내 첫 출발은 그처럼 극도로 미약했지만, 그래도 『승려와 수수께끼The Monk and the Riddle』의 저자 랜디 코미사Randy Komisar의 조언처럼 더 큰 인생 목표를 위해서는 참고 기다려야 했다. 그는 이것을 '미뤄진 인생계획'이라고 표현한다. 즉, 진정으로 인생에서 원하는 것을 찾고 그것을 하기 위해서는 인내하는 시련의 시간을 거쳐야 한다는 것이다.

인생계획, 조금 미뤄지면 어떤가. 앞으로 20년은 더 벤처캐피털 바다에 있을 건데. 대신 나는 복권부 시절을 통해서 벤처캐피털 투자의 기초가 되는 회계를 배웠고, 이 업에서 함께할 귀중한 사람들을 얻었다.

그렇다. 인생은 길다. 그 긴 인생에서 자신이 하고 싶은 일을 하기 위해서는 일정 정도의 희생이 필요하다. 이 단계에서 무엇보다 필요하고 선결되어야 하는 것은 그 일의 기초를 다지는 작업이다. 그런 기초는 꼭 자기가 원하는 일을 하지 않더라도 쌓을 수 있다. 그런데 현재 자신이 하는 일이 하찮고 볼품없게 느껴진다고 해서 이 단계를 건너뛰려고 하면 정작 중요한 일을 하지 못하게 될 수도 있다. 만약 사회 초년병 시절에 복권부를 박차고 나왔다면 지금의 나는 아마도 벤처캐피털 바닥에 없을 것이다.

그렇게 난 내 인생에서 2년 반을 잠시 미뤄놓았다.

3 KTB 민영화,
   그리고 한 편의 시

1999년 3월, 나의 첫 직장 한국종합기술금융이 민영화되었다. 1997년 12월에 발생한 IMF 때에도 현금이 넘쳐 은행에 콜자금(Call, 금융기간 간의 일시적 자금거래)을 돌리기도 했던 회사가 하루아침에 스웨터 만드는 의류회사 '미래와사람(현 월비스)'에 인수된 것이다. 국내 최고의 벤처캐피털 회사에 다닌다는 자존심 하나로 지내온 직장 선후배들은 한마디로 패닉에 빠졌다. 인수를 주도한 한국 M&A와 대표인 권성문(현 KTB투자증권 회장)은 곧바로 회사를 접수했다.

1981년 설립되어 1996년 유가증권시장KOSPI에 상장한 우리나라 대표 벤처캐피털 회사가 순간의 실수 때문에 DJ 정부가 일으킨 민영화 바람의 직격탄을 맞고 그전까지 듣지도 보지도 못했던 사람에게 인수된 것이다. 기분이 나빴다. 그래도 난 입사 3년차인 말단사원이다 보니 그

충격은 상대적으로 덜했지만, 부장급 이상의 선배들은 제법 동요가 있었다.

그땐 KTB가 여의도에 있었던 시절이다. KBS 별관 바로 뒤에 있었던 KTB 빌딩(현 알리안츠 빌딩), 거기에 인수팀이 몰려왔다. 권성문 대표 이하 이정주 전무, 백기웅 상무, 조강본 감사가 신임 경영진으로 합류하고 기존 경영진과 몇몇 부장급 이상 선배들은 모두 회사를 떠났다. 신임 경영진은 92억 원의 인수자금 납입 후 두 차례의 유상증자를 거쳐 지분율을 제법 끌어올렸다. 유상증자 시 우리사주조합을 통한 임직원들의 자발적(?) 참여를 유도했음은 자명한 사실이다. 나도 회사에서 연결해준 은행에서 대출을 받아 유상증자에 참여하였다.

인수 당시 약속한 자금을 유상증자로 모두 확보한 신임 경영진은 본격적으로 제 색깔을 내기 시작했다. 제일 먼저 달라진 것은 오전 8시로 한 시간 앞당겨진 출근시간이었다. 조직에 긴장감을 불어넣어야 한다나. 하지만 나처럼 아침잠이 많은 사람에겐 제일 싫은 조치 중 하나였다. 신임 경영진은 그와 더불어 회사 경영난을 이유로 들며 경영이 다시 정상화될 때까지 급여의 30% 상당을 삭감하는 구조조정에 착수했다. 나의 실질적인 가처분 소득이 줄어든 것이다. 가뜩이나 술값도 부족한데 새파란 청년의 피 같은 돈을 깎다니. 내가 회사 경영에 무슨 잘못을 했다고 말단사원들의 봉급까지 삭감하는 것인지 도무지 이해할 수 없었다.

하지만 나의 피를 가장 거꾸로 솟게 만든 것은 그런 급여삭감 정책이 아니라, 신임 경영진이 추진하는 구조조정에 이의를 제기하는 직원이 아무도 없다는 점이었다. 비록 노조가 유야무야되긴 했지만 노조를 다시 살리려는 노력도 없었고, 노조 부활이 어려웠다면(사실 어느 누구도 노조위원장이 되려고 하지 않았다) 직원협의회를 구성해서라도 직원들의 입장을 대변해야 했는데 그조차도 없다는 것이 나를 더 열불 나게 만들었다.

그 당시 모든 구조조정은 2인자인 이정주 전무의 지시하에 이루어졌다. 원래 넘버 원은 그런 일로 자기 칼에 피를 묻히지 않는 법이다. 당연히 모든 비난의 화살은 이 전무에게로 쏠렸다. 애꿎은 전무님에게 무슨 죄가 있었겠냐만……

스물여덟 살, 혈기왕성한 젊은 청년은 그런 상황을 그냥 보고만 지나칠 수 없었다. 그래서 직원들이 회사의 구조조정안에 모두 동의하는 것은 아니고, 한낱 지렁이도 밟으면 꿈틀거린다는 것을 나라도 보여주고 싶었다. 난 사내 인트라웨어에 접속했다. 핸디소프트에서 만든 인트라웨어엔 사내 게시판 코너가 있었고, 그 게시판에는 무기명으로도 글을 올릴 수 있었다. 난 글쓴이를 무명씨로 선택하고 글을 써 내려가기 시작했다.

專務

專務가

全無하여

全霧하니

田舞하게나

이렇게 쓰고 '올리기' 버튼을 클릭했다. 기분이 묘했다. 과연 몇 명이 이것을 해석할 수 있을 것인가? 단 네 줄짜리 한시漢詩였고, 쓰인 한자 모두가 '전무'라는 동음이의어였다. 전무가, 전무하여, 전무하니, 전무하게나. 직원들이 이해 못할 것 같았다. 그래서 이 한시에 해석을 곁들이기로 했다. 물론 이번에도 무기명으로. 그런데 과잉친절이었다. 그게 화근이 될 줄이야. 그 한시 때문에 KTB를 나올 때까지 가슴 졸이고 산 것을 생각하면 지금도 아찔하다.

專務(전무)

專務가 (전무가)

全無하여 (완전 무식하여)

全霧하니 (모든 것이 안갯속 같으니)

田舞하게나 (딴짓 말고 밭에서 춤이나 한판 추시오)

클릭하는 순간 속이 시원했던 것도 잠깐, 이내 불안감이 밀려왔다. 금세 조회수가 100회를 넘어섰다. 순식간에 전 직원이 본 것이다. 죄 지은 사람처럼 초조불안 상태가 지속되었다. 퇴근시간이 되자 사무실을 바로 뛰쳐나와 술을 마셨다.

그다음 날, "이거 올린 놈 당장 찾아내! 본때를 보여줘야 돼!"라는 전무님의 불호령이 떨어졌다. 전산실이 난리가 났다. 그 시간에 접속한 ID는 물론 IP 주소까지 뒤지기 시작했다. 회사에서 만나는 사람들마다 그 한시를 입에 올렸지만 나는 모른 척했다. 오후 무렵 전산실에 근무하는 입사동기인 안상준(현 코오롱인베스트먼트 상무)에게서 전화가 왔다.

"너지?"

"……응."

난 거짓말을 할 수 없었다. 안상준은 내가 중국에서 지냈던 적이 있고 글쓰기도 좋아한다는 것을 이미 알고 있었다. 그리고 그 시간대에 인트라웨어에 접속한 사람은 몇 명 없었는데 그중에서 그런 시를 쓸 사람은 나밖에 없다고 생각했단다. 순간 내 머리는 '그럼 난 어떻게 되는 거지?'라는 생각에 멍해졌다.

하지만 안상준은 직원들이 울분을 토할 수 있는 유일한 언로言路인 무기명 게시판이 그 기능을 제대로 못하고 작성자가 공개되면 안 된다는 확고한 신념을 가지고 있었다. 당시에는 나 말고도 '파랑새'라는 필명을 가진 분이 민영화 때문에 상심한 직원들을 위로하는 글을 많이 올려주시기도 했다. 어쨌든 안상준은 총무부와 전무님의 압박에도 굴하지 않고 끝까지 소스를 오픈하지 않았다. 그 덕분에 내가 아직도 벤처캐피털 분야에 있을 수 있는 것이니, 이 지면을 빌어 상준이에게 진심으로 감사의 마음을 전함과 동시에 이정주 전무님께도 사죄드리고 용서를 구하고 싶다.

"전무님, 진심으로 죄송합니다. 그리고 혹 아셨을는지도 모르겠지만 더 이상 문제 삼지 않아주신 덕분에 현재의 제가 가능한 것 같습니다. 감사합니다."

4 영화투자에서
_ IDG로 오기까지

벤처캐피털은 장기투자와 같아서 씨를 뿌린 뒤 결실을 얻기까지 꽤 오랜 시간을 기다려야 한다. 투자에서 회수까지 가는 길은 멀고도 험한데, 그렇게 긴 투자여정을 잘 마무리하려면 상당한 인내가 필요하다.

1999년 중순에 이루어졌던 KTB의 민영화 이후 복권부가 해체되는 바람에 나는 신규업무팀에 배속되었다. 신규업무팀은 회사가 기존에 투자하지 않았던 분야를 발굴해서 그것에 투자하는 팀이다. 드디어 내 꿈이 이루어진 것이다. 1순위 신규 투자영역을 영화로 정한 것은 당연했다.

부푼 꿈을 안고 영화판에 뛰어들었다. 먼저 영화인들과 비슷하게 보이기 위해 머리를 노란색으로 물들였고, 회사 규정상 넥타이를 매야 함에도 내 맘대로 노타이로 출근했다. 가끔은 가죽바지도 입었고. 퇴근하면서는 자연스럽게 오른쪽 귀에 귀걸이도 했으며, 안경테도 오렌지색 뿔테로 바꿨다. 영혼이 자유로워지는 것 같았다.

본격적인 업무는 충무로 관계자들을 만나는 것으로 시작했다. 시나리오가 물밀듯이 들어왔다. 그래도 첫 투자는 비교적 안정적으로 해야 한다는 원칙이 있었기에 당시 공격적으로 영화를 배급하기 시작한 CJ엔터테인먼트와 다섯 편의 영화에 대한 패키지 투자 딜을 협의했다. 총 투자금액은 35억 원. 그렇게 투자한 영화가 〈킬리만자로〉(박신양, 안성기 주연), 〈공동경비구역 JSA〉(이병헌, 송강호 주연), 〈봄날은 간다〉(이영애, 유지태 주연), 〈무사〉(정우성, 장쯔이 주연), 〈베사메무쵸〉(전광렬, 이미숙 주연)였다.

2000년 5월 내가 처음 투자한 영화 〈킬리만자로〉가 개봉했다. 하지만 나쁜 소식은 먼저 찾아오는 법. 박신양이 1인 2역을 하는 범죄 액션 느와르 분위기의 〈킬리만자로〉는 힘도 써보지 못하고 망했다. 3억 원을 투자했는데 1억 8,000만 원만 건졌으니까. 우리 팀을 바라보는 경영진의 시선이 따갑다. 영화도 거무튀튀하고 무거운데 돈까지 잃었으니 KTB의 첫 투자영화 치고는 소위 '뽀대'가 안 난 것이다.

사실 첫 투자대상으로 추진했던 영화는 전도연, 최민식 주연의 〈해피엔드〉였다. 하지만 회사가 투자하는 첫 영화가 에로물이어서는 안 된다는 자발적(?) 검열에 굴복, 결국 투자심의위원회(투심위)에 올리지도 못했다. 그래도 〈번지점프를 하다〉(이병헌, 이은주 주연)를 투심위에 올렸을 때 제기된 '동성애 영화에 어떻게 투자하냐'라는 거센 반발에는, '이 영화에서의 사랑은 동성애가 아니라 인간이 인간에 대해 가지는 진정한 사랑이고 퀴어queer 영화는 향후 영화 트렌드의 하나로 자리 잡을 것이라며 열띤 주장을 한 것에 비하면 〈해피엔드〉의 자발적 검열은 향후 더 큰 것을 위한 일보 양보에 불과할 뿐이었다.

어쨌거나 망한 〈킬리만자로〉를 뒤로하고 개봉한 영화는 박찬욱 감독의 〈공동경비구역 JSA〉였다. 1999년 당시까지만 해도 박찬욱 감독은 〈3인조〉와 〈심판〉이라는 두 영화를 말아먹은(?) 감독이었고, 주연배우였던 이병헌 역시 〈누가 나를 미치게 하는가〉〈런어웨이〉〈그들만의 세상〉〈지상만가〉 등 연속 네 편의 영화에서 참패를 맛본 비흥행배우의 대표주자였기 때문에 이 영화에 투자한다는 결정을 내리기까지 참으로 고민이 많았다. 이영애가 나오긴 하지만 그녀 역시 당시엔 비흥행배우였고, 러브라인과 섹스코드도 없는 데다 거의 무명감독의 영화였으니.

그래도 나는 〈킬리만자로〉에 투자했던 3억 원에 비해 상대적으로 많은 8억 원을 배정했다. 왜 그 영화에 8억 원이나 되는 투자금액을 올렸는지는 정확히 기억나지 않는다. 다만 〈접속〉을 제작한 명필름의 제작 능력, 그리고 무엇보다 시나리오의 힘을 믿었을 뿐이다.

첫 실패 뒤의 성공은 비교적 빠르고 크게 찾아왔다. 〈공동경비구역 JSA〉는 최종 21억 원(수익률 260%) 이상 벌어들였다. 내 인생에서 투자로 성공을 기록한 첫 사례였다. 비교적 이른 흥행작 덕분에 나는 어깨에 힘이 들어갔고, 영화판을 좀 더 휘젓고 다니기 시작했다.

시기적으로 보면 〈공동경비구역 JSA〉 개봉 전에 이루어진 것이었지만, 아마도 내 인생에서 가장 멋모르고 교만하게(?) 결정했던 투자는 강제규필름에 57억 5,000만 원을 던졌던 것이 아닐까 싶다. 지분 20% 취득에 57억 5,000만 원, 포스트머니(post money, 투자 후 시가총액) 기준 287억 5,000만 원. 아무리 1998년에 개봉한 〈쉬리〉로 큰돈을 벌었다 해도 1999년 매출이 69억 원에 불과했고 일시적인 흥행이익에 너무나 높은 PER(주가수익비율)을 적용한 것이 아닌가 하는 생각이 들었다. 투자가 이루어진 2000년도에는 닷컴버블이 극에 달했던 시절이라 경쟁사로 뽑은 디즈니Disney, 타임 워너Time Warner, 폭스Fox 등의 PER은 거의 50을 넘고 있었다(국내 상장된 경쟁사가 없어 해외 영화배급사를 경쟁사로 추산한 수치임).

인터넷의 신기루가 콘텐츠 영상산업에도 뭔가 혁명을 일으킬 것 같았다고나 해야 할까? 그래도 '강제규'라는 1인 셀러브리티 회사에 거액을, 그것도 본계정(펀드가 아닌 회사 자본계정)으로 투자하는 투심위의 의사결정은 〈킬리만자로〉에 3억 원 투자하는 투심위보다 훨씬 수월하게 끝났다. 영화를 좋아했고 영화판에 이름을 박고 싶어 했던 권성문 대표의 영향 때문이었을까? 그 후 권 대표는 영화인들에게 있어 꿈의 무대인 칸Cannes에 다녀오기도 했지만…….

어쨌거나 강제규필름에 거액을 투자한 투자사의 담당자인 내 어깨에는 더 많은 힘이 들어갔다. 영화인들과의 술자리도 제법 많아져서 매일 술독에 빠져 지낸 덕에 속은 썩어 들어갔고 정신도 피폐해졌다. 그러는 사이 강제규필름은 투자금액으로 인터넷영화 포털사이트를 하겠다고 했다가 거금을 날렸고, 이후 제작한 〈단적비연수〉와 〈베사메무쵸〉 역시 연속으로 관객들의 외면을 받았다. 금고가 바닥나고 사세社勢가 기우는 것은 한순간이었다. 기 센 강제규 감독을 만나 그 아우라에 눌려 제대로 관리하지 못한 내 잘못이 컸다. 강제규라는 단물에 꼬인 파리떼도 잘 단속하지 못했으니. 20대 후반, 그땐 내가 너무 어렸다(훗날 강제규필름은 타 영화사와 합병하여 코스닥에 뒷문 상장했고, KTB는 투자금을 회수했다).

그리고 2001년 초, 나는 인터넷투자팀으로 휙 던져졌다.

인생은 돌고 돈다고 했던가? 2000년의 이른바 '닷컴버블' 시절, 엄청나게 많은 사람들이 KTB에 들어왔다. 1년 사이에 100여 명에 가까운 경력직원들이 입사했으니까. 그 덕에 100명 남짓이었던 KTB의 임직원 수도 200명 가까이로 불어났는데, 그중에는 대학교 동기인 조은익도 끼어 있었다.

은익이는 삼성물산에 일찍이 입사해서 근무하던 중 닷컴버블의 열풍으로 만들어진 골든게이트팀에서 벤처투자까지 담당했지만, 버블이 꺼지면서 그 팀이 잠시 주춤하자 본격적인 벤처투자사로 옮기고 싶어 했다. 마침 그때 KTB 인터넷팀에서 신규 인력을 모집한다기에 나는 그 친구를 팀장에게 소개해주었고, 그 인연으로 KTB에 입사하게 되었다.

그런데 그 친구는 입사 후 1년여를 근무하다가 퇴사했다. 관두기 전에 담당했던 회사가 리얼미디어였는데, 나도 그 회사를 잠시 담당하다가 결국 그곳으로 옮기게 되었다. 그리고 리얼미디어가 해외로 M&A되는 작업이 거의 마무리되고 있던 2003년 겨울, 내 손에 쥐어진 인센티브도 없고 스타트업 생활도 더 이상 재미있지 않았던 그 시절, 튜브인베스트먼트(Tube Investment, 현 HB인베스트먼트)로 옮긴 은익이에게서 연락이 왔다.

"희우야, 너 다시 영화투자하지 않을래?"

"어, 은익아. 안 그래도 스타트업에 짜증이 나 있었는데 좋은 소식이군."

"우리 회사가 영화펀드에 이어 방송펀드도 만드는데, 너 이쪽 잘하잖아. 사람 뽑는다기에 널 추천했지."

"고마우이, 친구."

"고맙긴. 너도 나 옮길 때 도와줬잖아."

은익이의 추천으로 난 튜브인베스트먼트로 옮겼다. 옮기자마자 회사가 그동안 추진해왔던 방송펀드 결성이 완료되었고, 나는 그 펀드를 은익이와 함께 운용하기로 되어 있었다. 방송 콘텐츠와 영화가 주 투자영역이었다. 그 펀드의 본격적인 투자에 앞서 과거 튜브가 운용했던 두 개의 영화펀드 관리도 맡아야 했지만, 은익이는 내 손 더러워진다고 더이상 영화펀드에는 관여하지 말라고 했다. 참 고마운 녀석이다.

방송펀드 투자에 앞서 은익이와 함께 본격적인 투자전략을 수립했다. 영화, 드라마, 기타 콘텐츠 영역 각각의 투자비중을 정하고 세부 예상 포트폴리오를 구성해보았다. 그런데 아무리 이런저런 방향으로 짜봐도 영 답이 보이지 않았다. KTB에서 처음 영화투자했던 시기에는 수익도 제법 나왔다. 내 투자실적만 대략 계산해도 내부수익률IRR이 12% 정도였으니까. 그런데 최근 몇 년 사이 급증한 마케팅비와 홍보비 탓에 투자 수익성은 상당히 악화되어 있었다. 물론 그 바탕에는 영화제작사(튜브엔터테인먼트)를 직접 운용하는 튜브만의 펀드 운용구조도 작용했겠지만.

계속 영화투자를 하자니 앞날이 불투명할 것 같았다. 펀드의 기본은 수익을 내는 것인데 영화펀드만큼은 수익성보다 문화라는 특수성이 더 중요하게 작용할 때가 있고, 때문에 투자보다 지원의 성격이 강한 경우가 많았다. 펀드에 참여한 조합원들의 구성을 보면 이것을 확실히 알 수 있다. 즉, 영화배급사가 투자하는 펀드이다 보니 그중 일정(때로는 상당) 금액은 영화배급사의 작품에 투자할 수밖에 없는 구조가 된다. 게다가 투자 후 수익배분 시 영화 배급비용, 홍보마케팅비 등을 당연히 선先공제하다 보니 배급사는 영화가 망한다 해도 크게 손해 볼 것이 없었다. 또한 하나같이 멀티플렉스 극장을 보유하고 있는 배급사들 입장에서는 영화를 끊임없이 공급하는 것이 중요한데, 영화펀드에 목말라 하는 벤처캐피털들에게 약간의 돈을 투자해놓고 확실하게 레버리지leverage를 거는 셈이니 얼마나 좋은가? 거기에 극장 손님에게 팝콘과 콜라를 팔아서 짭짤하게 수익도 낼 수 있고.

이런 구조를 너무나 잘 아는 나로서는 계속 영화 바닥에 있어야 할지 의문이 들 수밖에 없었다. 그 시점에 튜브 대주주인 문성준 대표에게서 제안이 들어왔다.

"이 팀장, 코스닥 기업 하나 인수하려고 하는데 함께할래요?"

"무슨 말씀이신지요?"

"코스닥 기업 하나 보고 있는데, 인수하고 거기 가서 경영에 참여하는 등 전반적인 일을 해줄 사람이 필요해서요."

"그럼 튜브 관두고 그 회사로 가야 하는 건가요?"

"그렇죠. 재밌을 것 같지 않나요?"

"네, 알겠습니다."

그렇게 나는 영화판에서 발을 뺐고, 영화는 그저 즐기는 대상으로만 놔두었다. 가끔 '이희우의 영화 까발리기'나 쓰면서. 다시 10년 전으로 돌아간다고 해도 아마 같은 판단을 내렸을 것이다. 그렇지만 10년이면 강산도 변한다고 했던가? 최근엔 영화/콘텐츠 투자 심사역이 콘텐츠 투자 전문 창투사 대표로도 갔고, 콘텐츠 펀드도 1,000억 원 규모로 커지고 있으니.

누구든 하고 싶은 일을 하면 그것으로 좋은 것이다. 사람마다 좋아하는 것도 다르다. 내 기준에 맞지 않아 영화투자를 벗어나긴 했지만 그것에 10년 열정을 쏟은 사람은 또 그 안에서 멋진 길을 찾게 되는 법이다. 그리고 돌고 도는 인생에 정답은 없다. 하루하루 쫄지 말고 당당하게 즐기면서 사는 수밖에.

2004년 3월부터 시작된 나의 M&A 인생은 2007년 9월에야 끝이 났다. 그 기간 동안 코스닥KOSDAQ 상장사인 보이스웨어Voiceware를 인수해서 음성인식기술 사업부문을 물적분할했고, 그 부문에 경영진을 파견하여 정상화시켰으며, 그 정상화된 사업부문을 광학렌즈로 유명한 일본 펜탁스Pentax에 매각했다. 음성인식기술 사업부문 물적분할로 남은 껍데기shell에는 젝스키스, 핑클, 카라의 소속사로 유명한 DSP와 디지털 음원 사업을 하던 미디어래보러토리Media Laboratory를 인수해서 붙였고. 한마디로 뒷문상장이었다. 부족한 자금은 해외로부터 유치하여 메꿨다. 이 일들은 모두 보이스웨어 인수 후 불과 1년 이내에 다 이루어졌다.

그것으로 끝난 게 아니었다. 어렵게 금융감독원 승인까지 받으며 인수한 껍데기였으니 당연히 몇 번 더 이용해야 하는 법이라, 미싱도로시(의류회사), 열음엔터테인먼트, 블루드래곤, 펄엔터테인먼트 등 다수의 엔터테인먼트 업체들도 추가로 인수하거나 합병했다. 그렇게 4년 동안 떼고 붙이고 하다 보니 껍데기도 거의 걸레(?)가 되었다. 그리고 2007년 7월의 어느 날, 알맹이 다 빠진 껍데기 상장사인 보이스웨어 매각 준비에 대해 문성준 대표와 이야기하던 중 대화가 이렇게 흘러갔다.

"이 부장, 이제 M&A도 다 끝나가는데 이거 매각하고 나면 어디 갈 데 있나요?"

"뭐, 아직 정해진 곳은 없습니다."

"그럼 내가 대주주로 있는 튜브인베스트먼트나 IT 회사인 알트론 중에서 하나 고르세요. 내가 보내줄 수 있으니."

"말씀은 고맙습니다만, 이젠 떠나야 할 것 같습니다."

"혹 마음 바뀌면 얘기하세요. 아참! 이 부장이 고생을 많이 해서 인센티브 좀 주려고 하는데 금액이 커서 세금 부담이 많을지도 모르겠군요. 절세할 수 있는 방법이 있으면 그렇게 처리해드릴 테니 알려주세요."

"고맙습니다. 근데, 정석대로 보너스로 주십시오. 그게 속 편합니다."

"알겠습니다."

마침 진로에 대해 고민하고 있었는데 이런 이야기를 듣다니. 어쨌든 그런 얘기가 오간 뒤 내 자리로 돌아와 앉았다. 휴대폰이 울린다. 전에 튜브인베스트먼트에서 같이 근무했던 곽 회계사의 전화다. 선릉역 부근을 걸어가다가 길에서 우연히 IDG의 한 파트너를 만났는데, 그가 사람을 구한다는 얘길 듣고 바로 내게 전화를 한 것이다.

"이 부장님, 혹 직장 옮길 생각 있으세요?"

"뭐, 여기도 마무리되고 있긴 합니다. 어디 좋은 데라도 있나요?"

"IDG라는 외국계 회사인데 한국에 새로 벤처캐피털을 만든다네요. 회계 전공한 벤처캐피털 관련 경력자를 찾는다고 해서요."

"IDG? 처음 들어보는 회사인데요?"

그렇게 길거리에서 캐스팅된 나는 삼성역 부근의 한 중식당에서 그 IDG 파트너, 곽 회계사를 만났다. 짬뽕을 먹으며 이것저것 얘기를 나눈 뒤 곧바로 대표이사와의 면접일자가 잡혔고, 2007년 10월 1일자로 IDG에 합류하게 되었다.

시간은 흘러 2008년 가을엔 리먼 브라더스Lehman Brothers가 망했고 전 세계를 뒤흔든 미국발 글로벌 금융위기가 왔다. 기가 막힌 타이밍에 회사를 매각한 문 대표는 그 어려운 시절을 절묘하게 잘 피해갔다. 지금 생각해도 대단한 동물적 감각이다.

문성준 대표와의 이별은 어떻게 되었냐고? 그는 본인이 타던 법인차량인 체어맨 600을 내게 주었다. 일단 내가 타던 기아차는 내 동생에게 주고, 난 체어맨을 몰았다. 작은 체구에 체어맨이라. 음하하! 기분이 나쁘진 않았다. 그리고 퇴직금으로 받은 4,000만 원은 죄다 미래에셋증권 주식에 넣었다. 당시 매입단가는 주당 8만 원.

그런데 IDG로 옮긴지 두 달이 다 되어가는 시점에도 문 대표가 주겠다던 인센티브는 오리무중이었다. 6년 탔던 중고 체어맨 하나로 때우려는 건가? 2006년엔 내가 관여했던 M&A로 100억 원이 넘는 이익도 생겼는데……. 나는 문 대표 앞으로 공문을 하나 쓰고 내 서명을 넣은 뒤 그 스캔본PDF 파일을 이메일로 보냈다. 남자답게 자신이 한 약속을 지키라고.

아마 비가 오는 11월 중순의 어느 날이었던 것으로 기억된다. 비에 젖은 서류봉투 하나가 퀵으로 배달되었다. 문 대표가 보낸 것이었는데 그 안에는 인센티브 지급 계약서가 들어 있었다. 열어서 서류를 보니 욕밖에 안 나온다. 내 입이 더 더러워지기 전에 여기서 끝내고 싶었다. 그래야 나도 새로 시작한 IDG에 매진할 수 있을 테니. 그래서 그 굴욕적인 금액에 서명해서 서류를 보냈더니 바로 다음 날 해당 금액이 입금되었다.

화가 났다. 4년 동안 머슴처럼 열 건이 넘는 M&A 발굴, 실사, 관리, 매각 등 갖은 뒤치다꺼리를 하며 인고의 세월을 보냈는데 그 대가가 고작 이 정도밖에 안 된다고 생각하니 서글펐다. 이게 피고용인의 설움인가?

나의 유일한 위안은 당시 미래에셋 인사이트펀드에 미쳐 있었던 한국의 주식시장 상황이었다. 점심시간 때마다 사람들이 줄을 서서 한 증권사에서 판매하는 일개 펀드를 사는 지경이라니, 이건 꼭지 중에서도 꼭지였다. 미래에셋증권 주가를 보니 이미 내가 매입했던 시기보다 두 배가 오른 16만 원이었다. 난 가지고 있던 주식을 모두 팔았다. 그것도 지정가가 아닌 시장가격으로. 우수수 주가가 조금 떨어지는 게 보인다. 쾌감이 느껴진다. 그리고 원금의 두 배에 해당하는 8,000만 원을 손에 쥐고 회사 바로 건너편에 있는 자동차 매장으로 건너가 와이프에게 줄 선물로 차를 하나 뽑았다.

내 세 번째 벤처캐피털 회사인 IDG벤처스 코리아IDG Ventures Korea에서의 생활은 그렇게 시작되었고, 지금까지 이어지고 있다.

5 현명한
투자자란?

벤처캐피털 업계에 들어온 사람에게 흔히들 제일 먼저 권하는 책 중의 하나가 아마도 워런 버핏Warren Buffett의 투자철학 관련서가 아닐까 싶다. 나도 선배로부터 그 책을 추천받았으니까. 하지만 읽고 나서 느낀 점은 '뻔하다'였다. 그렇지. 세상의 모든 진리는 원래 뻔하거든.

투자를 제대로 이해하려면 경제의 큰 흐름을 알아야 하고, 그것을 아는 가장 좋은 방법은 주식에 투자하는 것이라고들 한다. 상장 주식과 비상장 주식을 같은 선상에서 비교하는 것이 어렵긴 하지만 투자의 기본이 되는 원칙만큼은 상장 여부를 떠나 일맥상통하는 부분이 있다. 워런 버핏은 '가치투자'를 얘기했다. 가치투자, 이것 역시 뻔한 개념이다. 기본적인 가치를 창출하는 저평가된 기업을 찾아 오랫동안 묻어두면 돈이 된다는 개념을 누가 모를까?

모 증권사에 주식계좌를 열었다. 그런데 첫 투자부터 꼬였다. DJ 정권이 들어섰다는 이유로 '광주은행'에 질렀는데 IMF가 터지는 바람에 거의 다 날렸다. 두 번째 투자도 비슷했다. 코스닥 작전주에 손 댔다가 반 토막 신세. 세 번째, 네 번째 투자 역시 크게 다르지 않았다.

KTB의 주가는 '미래와사람' 권성문 대표의 KTB 인수 덕분에 상승하기 시작했다. 냉각캔 사건(미래와사람은 캔을 따는 순간 캔이 급속 냉각되는 신기술을 개발한 적이 있는데, 이 소식이 알려지며 주가가 많이 상승했지만 제작 원가가 높아 결국 경제성이 없는 것으로 판명됨으로써 많은 소액투자자들이 피해를 본 사건)으로 주가가 일곱 배 가까이 엄청나게 뛴 적 있는 미래와사람에 대한 기대감이라고 해야 할까? 아무튼 KTB 인수 이후 권 대표가 두 차례 유상증자를 하는 동안 난 그의 능력(?)을 믿고 우리사주를 인수했다. 이제 남은 주식은 그때 할당받은 우리사주 KTB의 주식뿐. 그래도 얼추 1만 주는 보유하고 있었다.

인수 당시인 1999년 2월에 5,000~6,000원 대였던 주가는 2000년 2월이 되자 세 배 가까이 오른 1만 5,000원에 거래되고 있었다. 말단사원이 1년 만에 1억 원에 육박하는 주식 평가익을 얻게 된다고 생각하니 흥분도 되고 든든하기도 했다. 나는 그 든든한 마음을 재산삼아 술을 퍼마시기 시작했다.

내가 신규업무팀에 있던 2002년 2월의 어느 날이었다. 옆 팀에 한 통의 전화가 걸려왔지만 때마침 그 팀에는 아무도 없었던 관계로 내가 당겨 받았다.

"신규업무팀 이희우 대리입니다."

"어, 그래. 나 권성문인데, 혹 권 부장 계시나?"

"대표님, 안녕하세요. 그런데 권 부장님은 지금 자리에 안 계십니다."

난 여기서 대화가 끝날 줄 알았다. 그런데 권 대표가 말을 계속 이어간다. 사실 권오훈 부장은 KTB 인수 시 미래와사람 측에서 중요한 역할을 했던 분이다.

"근데 말이야, 이 대리 요즘 잘 지내지?"

"아, 네. 오늘 냉각캔 검찰조사도 무혐의로 끝나고 주가도 오르고 해서 아주 좋습니다."

"……."

"그리고 확실히 불확실성이 무섭긴 하지만 일단 신문에 기사가 나서 가시화되면 주가가 안정되는 것 같습니다."

"음, 그래. 권 부장 오면 전화 왔었다고 메모 부탁하네."

"네, 알겠습니다."

인사치레로 하는 말에 괜히 냉각캔 운운한 것은 아닌지 싶은 생각도 일순간 들었다. 하지만 뭐 어떤가? 전화를 끊고 나는 주식 1,000주를 곧바로 시장에 던졌고, 그 돈을 쥐고 회사 바로 앞에 있는 기아자동차 매장에 가서 현금으로 차를 샀다. 해치백 스타일의 겨자색 리오. 1주일 뒤에 차가 나왔고 나는 그날 차를 산 기념(?)으로 옆문을 심하게 긁어버렸다.

지금 생각해보면 그때 주식을 다 팔았어야 했다. 그 당시부터 비실비실하던 주가는 액면가인 5,000원 근처까지 내려갔다. 그래도 다시 KTB와 권 대표의 능력을 믿어보고 싶었던 나는 회사에서 2,000만 원을 대출받았고, 액면가 밑으로 주가가 내려가자 당시 갖고 있던 현금 2,000만 원을 대출금에 더해서 총 4,000만 원어치의 KTB 주식을 더 샀다. 세상이 어떻게 흘러가는지도 모르고.

2001년부터 닷컴버블 붕괴가 가시화되었다. 주가도 계속 액면가 밑을 맴돈다. 2002년 8월, KTB 퇴사를 결심하고 퇴직금을 정산하려 했더니 대출금과 상계되어 받을 수 있는 돈이 하나도 없단다. 그리고 퇴사 후 몇 개월 안에 주식을 다 팔아버렸다. 몇 천만 원의 손실을 안고서. 귀가 얇은 탓에 계속 여기저기 기웃거리다가 돈을 지르고 잃는 내 주식투자의 역사는 그 후로도 5년 정도 더 지속됐다. 워런 버핏의 투자 원칙은 이미 잊힌 지 오래였다.

그러던 어느 날, 아마도 2007년 초로 기억된다. 책장 한구석에 처박혀 있던 워런 버핏의 투자원칙 관련서를 다시 집어 들었는데, 그 책을 다시 읽으면서 내가 얼마나 헛된 망상에 사로잡혀 투자해왔는지를 깨달았다. 그도 그럴 것이 가치투자와는 전혀 거리가 먼 기업에 투자해왔으니. 왜 10년 전에는 같은 책을 읽으면서도 그토록 중요한 그의 투자 원칙을, 그의 소중한 가르침을 깨닫지 못했을까? 역시나 돈 잃으며 체득하는 배움이 제일 효과가 있단 말인가?

실제로 2008년 금융위기가 터졌을 때 난 그의 투자방식을 적용하여 삼성전자, 네이버, 포스코 등 현금창출 능력이 있는 우량기업에 투자한 덕에 재미를 봤고, 지금도 그런 기업에만 투자하고 있다. 사실 워런 버핏의 투자철학은 그의 스승이었던 벤저민 그레이엄Benjamin Graham의 영향을 받은 바가 크다. 그레이엄이 쓴 『벤저민 그레이엄의 현명한 투자자 The Intelligent Investor』라는 책을 보면 첫 부분에서부터 투자 구루guru의 포스가 느껴지는데, 내게는 그중에서도 다음의 말이 가장 인상 깊게 다가왔다.

시장은 일시적인 낙관(주식을 너무 비싸게 만든다)과 부적절한 비관(주식을 너무 싸게 만든다) 사이에서 흔들리는 시계추와 같다. 현명한 투자자는 비관주의자에게서 사서 낙관주의자에게 파는 현실주의자다.

절대적으로 공감이 가는 말이다. 워런 버핏도 리먼 사태 이후 시장이 패닉 상태에 빠져 있을 때 '지금이 적극적으로 투자해야 될 시기'라고 누누이 말했고 또 그것을 실행에 옮기지 않았는가. 그레이엄은 또 우리에게 주옥 같은 충고를 해준다.

보통 주식으로 아주 큰 재산을 모으는 것은 아주 잘 아는 한 가지 투자에 모든 것을 쏟아붓는 사람이어야 할 수 있다.

맞는 말이다. 마이크로소프트Microsoft의 빌 게이츠Bill Gates, 월마트

Wal-mart의 샘 월튼Sam Walton, 스탠더드 오일Standard Oil의 존 록펠러John Rockefeller, 페이스북Facebook의 마크 주커버그Mark Zuckerberg 등 미국의 최고 부자들은 거의 대부분 한 가지 업종이나 한 개의 기업에 투자를 집중함으로써 자신의 부를 이루었다.

벤처캐피털에서 역시 큰돈을 벌기 위해서는 벤저민 그레이엄의 충고를 따를 필요가 있다. 자신이 잘 아는 전문 분야가 있어야 하고, 해당 분야의 기업에 초기투자를 잘한 다음, 그 투자기업들 중 잘될 것 같은 회사에는 돈을 몰아줌으로써 집중적으로 성장시켜야 한다. 즉, 후속투자를 잘해서 그 투자기업의 성공에 대한 수혜를 극대화시켜야 하는 것이다.

그렇지만 한 가지에 집중해서 투자할 경우에는 거대한 경기와 기술의 흐름 등을 잘 파악하여 항상 각성하고 있어야 하고, 적절한 시기에는 변화도 해야 생존할 수 있다. 그렇지 않으면 거대한 공룡들이 그랬던 것처럼 거부巨富들 역시 곧바로 멸종을 경험하게 될 것이다. 벤저민 그레이엄은 이것을 강조하기 위해서 아래와 같이 말한 바 있다.

주식의 미래수익을 예상할 때, 유일하게 확실한 것은 그 예상이 틀릴 것이라는 것이다. 과거가 우리에게 가르쳐주듯이 논쟁의 여지가 없는 유일한 진실은 '미래는 항상 우리를 놀라게 한다'는 것이다.

그렇다. 미래는 항상 우리를 놀라게 한다. 그래서 우리는 항상 겸손한 자세로 미래를 대해야 하며, 겸손한 자세로 투자를 해야 한다.

최근 읽고 있는 『Venture Capitalists at Work』라는 책에는 초우량기업billion-dollar company으로 성장시킬 경영진을 발굴하고 투자할 때 뭘 중요하게 보는지에 대한 설명이 나와 있다. 실리콘밸리의 한 벤처투자자는 'P. S. D', 즉 'Poor, very Smart and Driven'을 본다고 한다. 아끼고 절약하면서 성공에 대해서는 항상 배고파하고 있는지, 매우 똑똑하며 뛰어난 판단력을 보유하고 있는지, 그리고 비전을 향해 달려가는 끊임없는 열정을 가지고 있는지의 여부를 보는 것이다. 벤처캐피털에 몸담고 있는 이들 중 이 세 가지만 제대로 알아볼 수 있는 사람이라면 훌륭한 벤처투자자로 성장할 수 있을 것이다. 물론 이 세 가지를 갖추고 있는 창업자가 거대한 시장기회market opportunitiy와 잘 만난다면 확실히 초우량기업을 일굴 수 있는 위대한 기업가가 될 수 있겠지만.

6 _ 벤처투자자의 흔하지 않은 자녀 금융교육법

2007년 3월에 나는 첫딸을 얻었고, 10월엔 IDG로 옮겼다. 11월엔 앞서 말했듯 미래에셋 주식을 판 돈으로 와이프에게 차를 사줬는데, 그해 태어난 딸에게도 멋진 선물을 주고 싶었다.

그때 예전에 한 선배가 '모 금융회사 부회장으로 계신 분의 실화'라며 내게 해줬던 얘기가 생각났다. 그분에게는 아들이 하나 있었는데 아이가 아직 어렸던 1980년대 초중반, 약 2,000만 원어치의 한국이동통신(현 SK텔레콤) 주식을 아들 이름으로 사두셨단다. 세월이 흘러 20대 후반이 된 아들이 어느 날 아버지를 찾아와서 "저 장가가요"라고 했는데, 그때 아버지는 묵묵히 아들 이름으로 된 주식계좌를 건네주었다는군. 그때 시가가 30억 원쯤 되었다지.

나도 내 딸에게 그런 선물을 주고 싶었다. 그래서 바로 한국투자증권 삼성역 지점으로 달려가 딸 이름으로 주식계좌를 만들고 현금 1,550만 원을 송금했다. 이미 많은 분들이 알고 있듯 1,500만 원은 10년간 미성년 자녀에 대한 현금 증여 면세 한도금액이다(2014년에는 개정 세법에 의거, 10년간 2,000만 원으로 증액되었다). 그런데 왜 1,500만 원에 50만 원을 더한 1,550만 원을 보냈을까? 그 이유는 면세 한도금액을 넘겨 세금신고를 하기 위해서였다. 신고하고 증빙을 남겨두면 나중에 추징 걱정도 없고 증여도 떳떳하니까.

증여 및 송금 처리가 끝난 뒤 어떤 주식을 사야 할지 고민하다가, 앞으로 사람들이 돈 많이 벌고 복지 수준도 높아지면 많이 놀러 다니게 될 테니 여행관련 주식을 사야겠다고 마음먹었다. 그래서 지른 종목이 바로 '하나투어'였다. 그런데 2008년 글로벌 금융위기는 하나투어에게 직격탄으로 작용해서, 주식은 금세 반 토막이 나버렸다.

2009년 4월, 둘째딸을 낳았다. 물론 와이프가 낳았지. 출생신고를 하자마자 나는 한국투자증권 삼성역 지점으로 또 달려가서, 내가 갖고 있던 700만 원어치의 ㈜LG 주식을 둘째에게 증여했다. 왜 주식으로 증여를 했냐고? 그건 그날 주식시장이 안 좋아서 주가가 많이 빠졌고, 덕분에 상대적으로 많은 주식을 딸에게 증여할 수 있었기 때문이다. 대기업 오너들이 IMF나 글로벌 금융위기 때처럼 주가가 폭락하는 시기에 주식을 많이 증여하는 이유도 다 그 때문이다. 첫째에 비해 절반 정도의 금액을 증여받은 것이야 그 녀석이 둘째로 태어난 복(?) 덕분이고. 실은 당시 하나투어의 평가액이 원금보다 700만 원 줄어든

800만 원 정도였기 때문에 둘째에게도 그 정도 수준에 맞춰서 증여한 것이지만.

어찌 되었든 증여를 마무리하니 기분이 좋았다. 약 6년간 딸들의 주식계좌를 운영해오고 있는 현 시점에서의 성과를 보면 첫째딸 구좌는 최초 투자원금을 33% 상회할 정도로 회복했고, 둘째딸 구좌는 거의 120% 이상의 평가익을 기록 중이다. 그 기간 동안의 주식투자는 배당을 많이 주는 지주회사 중심이었다. 지주회사들은 주로 자회사 실적으로 먹고사는 회사라서 주주들에게 배당도 후한 편인데, 난 그 배당금액을 그 회사 주식에 계속 재투자하는 방식을 택했었다. 지금은 지주회사 주식을 모두 팔고 모바일 게임회사에 올인하고 있는데, 카카오와 라인Line이 뜨면서 딸들의 주식도 함께 오르고 있다.

곧 첫째가 초등학교에 간다. 그럼 난 그 아이에게 본인 명의의 주식계좌가 있다는 사실을 알려줄 생각이다. 용돈이나 세뱃돈 등이 생기면 그 계좌에 입금하게 할 것이며, 주가가 올라가면 본인 돈이 얼마나 늘어나는지도 가르쳐줄 것이다. 중학교에 가면 나와 상의해서 주식을 사고팔게 해주고, 어느 주식을 사면 좋을지 스스로 고민하게 만들 것이다. 고등학교에 들어가면 '고등학교를 졸업하면 그와 동시에 너도 경제적으로도 독립해야 된다'는 것을 넌지시 알려줄 것이고, 대학교에 들어가면 주식계좌의 비밀번호와 도장을 건네주면서 집에서 내쫓을 것이다. '앞으로의 삶은 이 돈으로 살아라'라고 하면서. 이렇게 20년에 걸쳐 이루어지는 살아 있는 경제/금융공부를 통해 딸도 많이 배우지 않을까 싶다. 경제는 어떻게 돌아가고, 돈 관리는 어떻게 하는 것이며, 투자는 어떻게 해야 하는지 등을 말이다. 그러다 보면 돈의 소중함도 느낄 수 있고 독립심도 당연히 많이 강해지겠지.

가혹한가? 전혀 아니다. 오히려 자식이 마마보이로 성장하여 자발적으로는 아무것도 하지 못하게 만드는 것이 더 가혹한 일이다. 한국 정서에 비추어 보면 이런 방법이 잘 안 맞을 수도 있지만 다른 나라를 한번 살펴보자. 대학 가서도 부모에게 의지하는 나라가 우리나라 말고 또 있을까. 난 내 아이들을 20대가 되어서도 부모에게 손 벌리는 나약한 자식으로 키우긴 싫다.

이런 금융교육법을 내가 만든 것도 아니다. 이 방식은 이미 수천 년 전부터 유태인들이 해오던 것이니 말이다. 유태인들은 자녀가 첫돌을 맞으면 친척들 모두가 돈을 모아 자녀 이름으로 주식이나 펀드, 그것도 전혀 망할 것 같지 않은 코카콜라, 애플 등의 안전한 회사 주식에 넣어준단다. 그것을 바탕으로 자금운용이나 투자를 해보면서 경제관념을 익힌 뒤 대학에 들어가서는 경제적, 정신적으로도 독립하며 자란 유대인들이 전 세계 금융시장을 장악하고 있음을 우린 이미 잘 알고 있다.

사실 20년에 걸친 자녀 금융교육법에는 재테크의 기본이라고 할 수 있는 요소들이 포함되어 있다. 그것은 바로 장기간에 걸친 가치투자와 복리Compound Interest 효과다.

워런 버핏은 '어떻게 하면 돈을 많이 벌 수 있을까?'라는 질문에 대한 답을 눈덩이snow ball에 비유하며 설명한 바 있다. 큰 눈덩이를 만들려면 두 가지가 있어야 하는데 하나는 눈이 잘 뭉쳐질 수 있는 적절한 습기,

다른 하나는 힘 안 들이고 눈을 굴릴 수 있을 만큼 충분히 긴 언덕이다. 습기가 없는 눈은 잘 뭉쳐지지 않는다. 즉, 눈이 약간 촉촉해질 때까지 종자돈seed money을 만들면서 충분히 기다려야 한다는 것인데, 주식시장으로 얘기하자면 외부충격으로 경제에 위기가 와서 일시적으로 주가가 모두 하락하는 시점까지 기다리란 뜻이다. 바꿔 말하면 남들이 모두 패닉에 빠져 있을 때가 바로 주식투자를 해야 하는 시점이란 얘기겠다. 그때 체리를 따듯이cherry picking 가치주들을 바구니에 담고, 그런 다음 아주 긴 언덕에서 그 눈덩이를 굴리면 된다. 짧은 언덕에서 굴리면 눈덩이가 단단해지지 않아서 바로 바닥에 떨어져 깨질 수도 있지만, 매우 완만하고 긴 언덕에서 서서히 굴리면 얘기는 달라진다. 처음엔 눈이 바로 커지지도 않고 커지는 속도도 더디지만, 조금 지나면 가속력도 생기고 크기도 기하급수적으로 커지기 때문이다. 이것이 바로 복리효과다. 복리효과는 이자에 이자가 붙는 것을 말하는데, 주식으로 말하자면 주식에 배당이 생기면 그 배당금으로 그 주식을 또 사고, 그래서 더 큰 배당금이 생기면 그것을 그 주식에 재투자하기를 반복하다 보면 그 주식은 처음에 생각한 규모보다 훨씬 더 커지는 것과 같다.

통상적으로 복리효과는 7년 정도 지나면 제법 속도를 내면서 더 크게 나타나는 것 같다. 본인 계좌로 주식을 거래할 경우에는 이런 복리효과를 누릴 정도로 오랫동안 주식을 보유하고 있기가 사실 쉽지 않다. 그렇지만 자녀를 통해 HTS가 아닌 유선상으로만 거래할 경우에는 가치주 위주의 장기투자가 비교적 용이하고, 이런 장기투자에 맛을 들이면 그 묘한 매력에서 빠져 나오기가 쉽지 않다.

스타트업의 경영에서도 워런 버핏이 이야기한 눈덩이 비유가 적용될 수 있다. 눈덩이에 적절한 습기가 있어야 처음에 잘 뭉쳐지는 것처럼 스타트업 초기팀의 구성도 우수 인력들을 끌어들일 수 있는 인력(A급 인재)으로 구성되어야 한다. 즉, 창업자는 우수한 A급 인재를 끌어들일 수 있는 자력magnet for talent을 반드시 보유해야 한다. 10~15인 정도로 구성되는 초기팀 인력의 DNA가 스타트업 성공의 DNA를 결정한다고 해도 과언은 아니기에 초기팀 구성에는 각별한 신경을 써야 한다.

적절한 습기를 머금은 초기팀이 구성되었다면 그것을 굴릴 만큼 완만하고 긴 언덕, 즉 큰 시장을 찾아야 한다. 그런 큰 시장에서 사업을 해야 크게 성공할 수 있기 때문이다. 언덕이 너무 짧은 탓에 눈덩이가 충분히 뭉쳐지지 않았는데도 그것을 급하게 굴리다 깨뜨리는 사례를 나는 꽤나 많이 봐왔다. 모바일 게임들이 하루아침의 대박으로 일확천금을 얻는 사례도 있지만 페이스북이나 애니팡, 앵그리버드, 카카오톡 등이 성공한 것은 모두 우수한 팀을 먼저 만든 뒤 긴 언덕에서 '본격적인 복리효과J Curve'를 누리기까지 5년 가까운 시간을 보냈기 때문이라는 점은 다들 망각하고 있는 것 같다. 우리나라에서도 적절한 습기를 머금은 팀을 이룬 뒤 복리효과가 나타날 때까지 충분히 큰 시장에서 눈덩이를 굴릴 수 있는, 배짱과 의지가 있는 스타트업 창업자들이 좀 더 많이 생겨나길 바란다.

7 경영학 박사, 보이스 피싱
 _ 그리고 겸손에 대하여

2012년 4월, 박사논문 쓰기가 막바지에 달했다. 두 달 가까이 잠을 제대로 잔 적이 없다. 투자도 세 건 했고, 투자기업 주주총회도 쫓아다니고, 매주 '쫄투'도 찍는 등 정신없는 와중에도 2월부터 잠 못 자고 써 온 논문. 하루에 서너 시간만 자면서 두 달을 내리 달리다 보면 체력도 바닥나는 법이다.

그날도 새벽 4시쯤까지 논문을 쓰다 8시쯤 일어난 것 같다. 코스웍은 마지막 학기. 4월 14일 토요일 오전 수업. 의자에 앉자마자 졸음이 쏟아져 온다. 비몽사몽이라 교수님의 강의도 귀에 들어오지 않는다. 아직 쉬는 시간까지는 조금 남았는데 정신이 몽롱한 것이 영 이상하다. 그때 한 통의 전화가 걸려왔다.

"네, 이희우입니다."

"이희우 씨 되시죠? 여기 ○○경찰서인데요. 혹시 지난주에 지갑 잃어버리시지 않으셨나요?"

"(속으로 뜨끔하며)아, 네. 잃어버렸습니다."

"근데 그 잃어버린 주민등록증으로 ○○은행에 대포계좌가 하나 열렸어요. 알고 계셨나요?"

"그럴 리가요?"

"아니, 이 사람. 지금 그 계좌가 범죄용으로 사용된단 말이야! 어이, 김 형사! 자료 좀 갖고 와봐."

"아. 죄송합니다. 그럼 제가 어떻게 해야 될까요?"

"지금 컴퓨터 갖고 있지? 그럼 바로 내가 불러주는 사이트에 접속해봐. ○○경찰서 사이트인데 거기서 계좌 신고하고 비밀번호도 변경하라고."

"알겠습니다. 사이트 주소 좀 불러주세요."

걸려들었다. 육체도 정신도 피폐해져 있던 논문학기 말미에 나는 보이스 피싱에 걸려버렸고, 1,200만 원을 날렸다. KBS 〈개그콘서트〉의 '황해' 코너에나 나올 만큼 어설픈 수법에 당한 것이다(그래서 난 '황해' 코너가 생긴 이후 개콘을 보지 않고 있다). 서초경찰서에 신고하러 가서도 형사의 구박을 받았다. 아주 예전에나 쓰였던 구식 수법에 당했다는 것이다. 쩝! 와이프도 구박한다.

"박사 될 사람이 보이스 피싱이나 당하고. 으이구, 자알한다. 당장 나가버렷!"

"미안해. 나도 힘들어. 그냥 가만히 놔둬."

"그 돈 나한테 줬으면 애들 좋은 거라도 사줬을 텐데. 쯧쯧, 헛똑똑이얏! 헛똑똑!"

"……"

경영학 석사로 돈 관련 내용을 다루는 재무관리finance를 전공했고, 직장에서 주로 하는 것도 돈을 다뤄 스타트업에 투자하는 벤처캐피털 업무이며, 무엇보다 이런 돈 관리에는 철저하다고 자부하던 내가 보이스 피싱에 당하다니 너무나도 부끄러웠다. 아니, 부끄럽다는 표현보다는 그 순간 내가 너무나 밉고 싫었다는 표현이 더 적당할 것이다. 그것도 최고의 지성이라는 박사가 되기 위해 논문을 쓰는 와중에 당하다니.

이런 상황에서 계속 논문을 쓰려니 울화가 치밀어 도저히 쓸 수가 없었다. 그래도 참아야 했다. 끝은 봐야 하니까. 그게 더 힘들었지만 한 달을 더 참아가며 논문을 쓴 뒤 학술지에 보낼 수 있었다.

보이스 피싱을 통해 또 한 번 겸손을 배웠다. 중국 공산당 모택동 주석도 '겸손은 사람을 진보시키고, 교만은 사람을 퇴보시킨다謙虛使人進步, 驕傲使人落後'라는 말을 한 적이 있다. 맞는 말이다. 만약 보이스 피싱 사건 없이 박사학위를 땄다면 난 더 교만해졌을 것이다. 실로 그 사건은 나의 교만이 하늘을 찌르다 받는 징벌 같았다.

벤처캐피털이든 사업이든 인생이든 이것은 마찬가지인 듯하다. 겸손해야 뭘 해도 발전할 수 있는 것이기에 사람은 항상 겸손한 자세로 인생에 임해야 한다. 지금 당장 잘나가는 사람이라 하더라도, 지금 잘되는 사업이라 하더라도, 지금 잘나가는 회사에 다니고 있더라도 교만한 자에게는 적이 생기기 마련이고, 그런 적들이 많이 생기면 인생이든 사업이든 꼬일 수 있다. 하지만 항상 겸손한 마음으로 지내다 보면 친구가 많아지고, 그런 친구가 많아지다 보면 언젠가는 그 친구의 도움을 받을 수 있고 인생과 사업도 더욱 풍성해질 수 있다. 이것이 보이스 피싱이 내게 준 교훈이다.

남들이 보면 경영학 박사에, 벤처캐피털 대표에, '쫄투' 진행자인 내가 잘난 것처럼 보일 수도 있다. 하지만 아니다. 난 그저 보이스 피싱으로 1,200만 원을 날린 멍청한 놈이다. 부끄러워 죽겠음에도 이렇게 떠벌이는 것은 그 치욕을 잊지 않으려는 노력의 일환이겠지. 지금 혹 자신이 미워져 힘들어하는 창업자들이 있다면 내 경우를 보고 피식 웃으며 조금이나마 힘을 얻었으면 좋겠다.

두 번의 죽을 고비, 그리고 무한긍정의 힘

돌아보면 나는 지금까지 쉼 없이 달려온 것 같다. 글에도 쉼표, 느낌표, 마침표가 있고 우리 인생도 마찬가지인 듯한데, 내 인생도 예외는 아니었다.

첫 번째 쉼표

1997년 7월 17일, 제헌절. 내 인생에서의 첫 번째 쉼표는 그날 찍혔다. 지금은 아니지만 당시엔 제헌절이 공휴일이었다. 등산 마니아인 친구 하나가 다음 날 도봉산을 함께 오르자며 전화를 해왔는데, 특별한 약속도 없고 해서 함께 가겠노라 했다.

간밤에 비가 와서인지 등산로는 무척 미끄러웠고 바위도 푸석푸석했다. 역시나 연휴라 많은 사람들이 산을 찾았다. 친구가 갑자기 내게 '릿지(등반 난이도가 낮은 암벽을 간단한 장비로 오르는 짓)'를 잘하냐고 묻는다. 그게 뭔지는 잘 몰랐지만 대충 암벽등반을 얘기하는 것 같아서 "난 모든 산을 잘 타"라고 답했다. 그랬더니 친구가 암벽 쪽으로 코스를 튼다.

친구의 손과 발 움직임을 보고 그대로 따라 하면서 암벽을 올랐는데 나름 스릴 있고 재밌었다. 이번엔 엉덩이 골 같이 생긴 암벽 두 개를 마주 잡고 내려가는 코스다. 친구가 릿지 시범을 보였고 난 그 순서대로 따라 하려고 했다. 그런데 아뿔싸! 그 친구와 난 다리 길이 자체가 다르다는 게 문제였다. 그 친구가 오른발을 놓았던 지점을 나도 딛으려고 무리하게 오른발을 쭈욱 뻗었는데, 암벽을 잡고 있던 양손이 그만 미끄러지고 말았다. 바위에서 떨어진다. 친구가 아래 절벽에 붙어 있는 것이 보인다. 떨어지며 엉겁결에 그 친구를 잡았고, 우리 둘은 공중으로 솟았다. 공중을 나는 모습이 슬로우 모션으로 스쳐 지나가는데 이상하게도 죽을 것 같다는 생각은 들지 않는다. 아래 큰 나무가 보인다. 팔을 뻗었다. 겨드랑이가 나뭇가지에 걸린다. 나뭇가지가 꺾이며 그 아래에 있던 나뭇가지 위로 연이어 몸이 떨어지기를 서너 번, 제일 마지막에는 나무 밑둥으로 떨어졌다. 그 밑은 70도에 가까운 절벽이었지만 용케도 나무 밑둥을 잘 잡았다.

살았다. 영화 〈람보Rambo〉에서 절벽 위까지 쫓기던 실베스터 스탤론 Sylvester Stallone이 울창한 숲의 나무들 위로 몸을 던져 탈출하던 장면이 떠올랐다. 나도 그렇게 날았다가 나뭇가지에 걸려서 속도가 줄어든 덕분에 결국 살았다. 친구와 나는 서로 나무 밑둥을 잡고 웃었다. 그런데 난 소리 내어 웃는 것에 반해 친구는 얼굴로는 웃고 있지만 목소리가 안 들린다. 부상이 나보다 심각해 보였다. 이내 위에 있던 등산객들이 우리를 구출하기 위해 아래로 내려왔고, 그제야 고통이 밀려왔다. 얼마 지나지 않아 헬기 소리가 들렸고 친구는 헬기에 실려 내려갔다. 사실 나는 '나도 헬기로 내려가겠구나' 싶은 마음에 내심 기대했다. 헬기를 한 번도 못 타봤으니까. 그런데 난 부상 정도가 경미하고 헬기에 공간도 없으니 산악구조대원의 부축을 받으며 걸어서 내려오란다.

친구는 그날의 사건으로 갈비뼈가 부러져서 경희대학교병원 응급실에 후송되었고 난 아현동 부근의 정형외과에서 7일을 보냈다. 천만다행이었던 것은 나뭇가지에 걸린 옆구리의 타박상을 제외하곤 큰 상처가 없었다는 점이다. 하늘이 도왔다고밖에 말할 수 없다.

두 번째 쉼표

2010년 7월 7일, 회사 동료 두 분과 함께 상하이 출장길에 올랐다. 매년 있는 글로벌 파트너 미팅에 참석하기 위해서였다. 출장 이틀 전부터 몸살기가 있었지만 그냥 단순한 몸살인 것 같아서 약을 지어 먹었고, 괜찮아지는 것도 같아 별로 대수롭지 않게 생각했다. 그런데 출장당일 새벽부터 몸 상태가 이상해져서 고열과 오한에 시달리다가 오후가 되어서야 사무실에 나갈 수 있었다. '출장 전에 꼭 병원에 들르라'는 와이프의 당부가 있었지만 별일 있겠나 싶기도 했고, 시간 관계상 병원에 들를 상황도 되지 않아서 그냥 짐을 챙겨 회사 부근의 공항터미널로 향했다. 병원에 가라는 와이프의 독촉 전화와 문자 메시지에는 갔다 왔다고 대충 둘러대고서.

상하이에 도착해서 짐을 풀고 한국투자파트너스 상하이사무소 호경식 소장과의 저녁 약속을 위해 호텔 로비로 내려왔다. 그런데 어쩐지 오한과 기침이 자꾸 심해졌다. 사전 양해를 구하기 위해 먼저 내려가 '오늘 약속에는 참석하기 힘들 것 같다'고 얘기한 뒤 다시 방으로 올라왔다. 배가 조금 고파져서 방 안에 있던 바나나와 사과를 한 개씩 먹고 약을 먹은 뒤 잠을 청했다.

너무 추워서 에어컨을 끄고 잤는데 고열로 온몸이 흠뻑 젖었다. 아침은 또 왜 그리 빨리 오던지. 아침 먹으러 가자는 동료의 연락이 왔지만 그럴 힘도 없어서 룸 서비스로 먹겠노라고 했다. 점심 약속은 정말 가기 싫었지만 이전 직장 KTB의 홍원호 선배와 한국에서부터 미리 잡아놓았던 약속이라 안 지킬 수가 없었다. 장소는 고급 딤섬 전문점이었는데 맛은 기억나지 않는다. 그냥 호텔에서 쉬고 싶었을 뿐.

두 번째 밤을 어떻게 보냈는지 모르겠다. 아침에 일어나 거울에 비친 목을 보고 놀랐다. 육안으로도 확연히 구분될 정도로 부어 있었기 때문이다. 바로 호텔 프론트에 전화해서 병원에 가고 싶다고 얘기했다. 이내 방으로 찾아온 동료들은 내 목을 보더니 즉시 모든 일정을 취소하고 한국으로 돌아가라고 한다. 나도 그러고 싶었다. 그런데 방금 전에 병원 예약을 한 터라 일단 진료를 받아본 뒤 판단하기로 했다. 그때는 그것이 중국 출장 최대의 오판이자 시련의 시작이 될 것이라고는 정말 상상하지도 못했다.

병원에 도착한 것은 오전 9시가 조금 넘은 시각이었다. 예약 시간은 10시 30분이었으니 1시간 정도 여유가 있었는데, 갑자기 오르는 열에 온몸이 떨리기 시작했다. 아무래도 심각해 보였는지 간호사가 곧 바로 내 체온을 잰다. 40도가 넘는다. 그 즉시 응급환자로 분류되어 예약 순서와 상관없이 진료를 받게 되었다.

다행히 내가 찾은 곳은 상하이국제병원이어서 모든 의사들과 영어로 의사소통이 가능했다. 피검사부터 시작해서 소변검사, 초음파 등 갖은 검사를 받았다. 일단 열을 내려야 한다며 해열 처방을 받고 링거를 꽂았지만 고열은 계속됐다. 의사가 바뀌었다. 또 증상에 대해서 여러 가지를 물어본다. 목은 이미 말하기 힘들 정도로 부어버렸고 기침도 심해졌다. 의사들끼리 얘기하는 분위기로 봐서는 내 상태가 심상치 않은 듯했다.

이번엔 서양인 의사가 들어오더니 또 이것저것 검사하고 물어본다. 세 명의 의사가 서로 상의한다. 간단한 진료만 받고 저녁 때 한국으로 귀국하려던 계획이 점점 멀어지는 것 같았다. '오늘 저녁에 귀국 비행기를 예약해놨다'고 얘기하니 의사는 바로 예약을 취소하라고 한다. 지금 공항에 가기에는 전염 가능성이 있고 몸 상태도 위험하기 때문이란다. 어쩔 수 없이 비행기 티켓을 취소했다.

몸에 붉은 반점이 생기기 시작한다. 처음에는 분명히 몇 개 되지 않았는데 어느새 점점 많아지더니 얼마 지나지 않아 온몸을 덮어버렸다. 한참 뒤에 의사들이 오더니 보호자에게 전화를 걸라고 하면서, 보호자가 오면 상하이 외곽의 병원으로 격리될 것이라고 한다. 대체 무슨 병인지 궁금해서 물었더니 '장티푸스가 아닌지 의심되긴 하지만 아직은 정확히 얘기할 수 없다'라는 대답이 돌아왔다.

장티푸스라니. 들어는 봤는데 정확히 어떤 질병인지 몰라 와이프에게 전화를 걸어 '장티푸스가 어떤 병인지 검색해보라'고 이야기하고, 곧 상하이 외곽의 격리수용병원으로 가게 될지도 모른다 하니 와이프가 울기 시작한다. 빨리 회복될 수 있도록 기도해달라고 부탁하며 전화를 끊었다.

같이 출장 온 두 명의 동료가 내 보호자로 병원에 왔다. 간호사들은 나를 곧바로 간이침대로 옮기고 앰뷸런스에 태운다. 시계는 오후 6시

30분을 가리키고 있었다. 동승한 동료들과 나, 그리고 운전기사는 모두 마스크로 무장한 상태다. 전염성 있는 질병이라 전염병 전문병원으로 격리된다니. 유일하게 위안이 되는 것은 앰뷸런스 타기 직전 쟀던 체온이 39.2도였는데 그것이 오늘 쟀던 것 중에서 가장 낮은 수치라는 간호사의 말이었다.

덜컹거리며 앰뷸런스는 한참을 달린다. 이젠 어둡다. 차는 속도를 더 높인다. '살아 돌아갈 수 있을까'라는 생각이 스친다. 눈을 감았다.

격리수용병원에 도착했다. 바리케이드가 올라가더니 경비가 들어가라는 신호를 한다. 병원 직원들은 나를 내려 간이침대로 갈아 태우고 간단히 수속을 한다. 동료들이 여기저기에 전화를 건다. '격리병원에 들어가면 빠져나오기 힘드니 지금이라도 나오라'는 중국 지인들의 조언이 쏟아진다. 혹시 몰라서 상하이 영사관에 연락해달라고 부탁했는데, 영사관 직원은 어떻게 자신의 번호를 알고 전화했냐며 오히려 화를 낸다. 병원 의사는 '고열과 함께 간수치도 비정상적으로 올라가서 지금 당장 입원 치료를 받지 않으면 위험한 상황'이라 한다.

앰뷸런스를 타고 입원병동에 도착했다. 병실로 올라가는 엘리베이터 안은 너무나 어두웠다. 스산한 분위기. 3층으로 올라갔다. 병실은 많은데 아무도 없고, 형광등도 제대로 켜져 있지 않다. '죽을지도 모르겠다'라는 생각이 처음 들었다. 또 눈을 감았다.

40대 초반쯤으로 보이는 여의사가 들어온다. 이전 병원에서 건네받은 의료기록과 차트를 보더니 팔과 배를 걷어보라고 한다. 이어 종아리와 발바닥까지 살피더니 얼굴에 살짝 미소를 띠며 중국어로 '마아 쩐'이란다. 무슨 뜻인지 몰라서 다시 물으니 영어로 "Measles"라고 한다. 그 말도 못 알아들어 어리둥절해 있을 때 한국 동료 한 명이 마스크를 벗으며 나를 구박하듯 말한다.

"야! 홍역이잖아. 마흔 넘어서 홍역에 걸리냐?"

그 옆에 있는 다른 동료도 마스크를 벗는다. 장티푸스일지도 모른다고 해서 많이 긴장하고 있었는데 이제야 병명을 알게 되니 살 것 같았다.

동료들도 떠나고 3층 병동에 혼자 남아 있자니 너무 외롭고 무서웠다. 가만히 있는데 방귀가 피식 나왔다. 먹은 건 아무것도 없었는데 방귀와 함께 분비물이 흘러 나왔다. 몸이 아프니 항문도 제 구실을 못하고 느슨해졌나보다.

화장실로 들어갔다. 변기에 앉아 일을 본다. 아뿔싸, 휴지가 없다. 하의를 모두 벗었다. 샤워기로 대충 씻는 것 외에는 별 방법이 없다. 그런데 팬티엔 여전히 분비물이 묻어 있다. 손빨래를 했다. 목도 부었고 허리도 아픈데 화장실에 쪼그리고 앉아 손으로 팬티를 빨다 보니 눈물이 나왔다. 젖은 팬티와 바지를 다시 입고 얼마 있으니 간호사가 들어와 환자복을 준다.

그렇게 상하이 격리수용병원 독방에서 죽만 먹으며 혼자 8일을 견뎠고, 병원비는 현금으로 340만 원이 들었으며, 5kg이 빠진 초췌한 모습으로 7월 16일에야 무사히 귀국할 수 있었다. 그것도 '나 돈 없으니 한국에 보내달라'고 사정해서 말이다.

이런 두 번의 경험은 나의 인생을 많이 돌아보게 만들었다. 우린 언제 죽을지 아무도 모른다. 그렇기에 현실에 만족하며 오늘이 마지막 날인 것처럼 하루하루 최선을 다하며 살면 될 뿐이다. 어떤 면에서 보면 좌절은 다시 더 높이 도약하기 위해 우리에게 주어지는 기회일 수 있다. 귀국 후 접한 미국 목사 조엘 오스틴Joel Osteen의 설교와 책은 참으로 많은 것을 생각하게 해주었다. 그렇다. 무한긍정의 힘은 정말 위대하다. 물론 인생은 일정 부분 운에 의해서도 좌우되겠지만, 긍정적인 사고로 살면 보이지 않는 힘이 더 작용하여 절벽에서 떨어질 때도 팔을 뻗어 나뭇가지에도 걸리게 해주고, 전염병에 걸려도 살아남을 수 있는 힘과 용기를 준다.

스타트업 창업자들이 갖춰야 할 덕목 중 절대 빼놓을 수 없는 것 역시 이러한 '긍정적 사고방식'이다. 회사를 창업하여 성공으로 이끌기까지 창업자는 수많은 좌절을 경험한다. 하지만 그런 좌절 속에서도 창업자는 리더로서 조직을 이끌어야 하기 때문에 항상 미래를 바라보고, 비전을 얘기하며, 긍정의 마인드를 조직에 심어야 한다. 그 근원은 당연히 창업자 스스로 가지는 무한긍정 마인드다. 무한긍정 마인드가 없으면 창업자 자신도 쉽게 지치고, 그를 바라보는 조직원들은 당연히 더 지치게 된다.

긍정적 마인드를 계속 유지시키기 위해서는 창업자도 조직원들도 아주 작은 성공을 자주 경험해야 한다. 실리콘밸리식 용어로 표현하자면 '작은 성공들micro successes'이다. 긍정적 마인드가 성공으로 이끄는 가장 근본적인 엔진에 해당한다면, 이런 작은 성공들은 그 엔진이 잘 돌아가게 만드는 윤활유 같은 역할을 한다. 미래에 거대한 가치를 만들 창업자들이 무한긍정의 마인드로 무장하고 모두 원하는 바를 이뤄내길 진심으로 바란다.

JUST START, DON'T BE CHICKEN!

미니 창업교실

여러분의 시간은 제한적입니다. 그러니 다른 사람의 인생을 살며 귀중한 시간을 낭비하지 마십시오. 다른 사람들이 생각하는 방식과 의견에 휩쓸려 여러분 내면의 소리가 매몰되도록 하지는 마십시오. 그리고 가장 중요한 것은 여러분의 가슴과 직관을 따르는 용기를 갖는 것입니다. 여러분의 가슴과 직관은 진정으로 원하는 것을 알고 있습니다. 그 외 다른 모든 것들은 부수적인 것이지요.

– 스티브 잡스, 2005 스탠포드 대학 졸업식 축사 중

1 왜 창업을
하는가?

창업에 성공해본 경험도 없는 사람이 창업을 하는 이유에 대해서 떠들면 과연 어떤 반응이 나올까? 그래도 내가 이런 글을 쓰는 이유는 마흔 넘게 인생을 살아온 경험, 그리고 벤처캐피털에서 숱한 창업 스토리와 실패를 봐온 경험을 조금이나마 예비 창업자들과 나누고 싶기 때문이다.

왜 창업을 하는가? 돈을 벌기 위해서? 회사 생활에 짜증이 나서? 자아실현을 위해서? 아니면 무슨 이유로 창업을 하려는 것인가?

스타트업 생태계가 예전에 비해 좋아짐에 따라 창업을 하려는 분들이 주위에 많이 생겼다. 나는 예비 창업자들에게 가끔 '왜 창업을 합니까?'라는 질문을 던지곤 하는데, 이 질문에 잘 대답하는 분들은 의외로 적다. 물론 딱 맞아떨어지는 정답은 없겠지만 나름의 정답은 찾을 수 있지 않을까?

아마존Amazon의 창업자 제프 베조스Jeff Bezos는 이런 얘기를 한 적이 있다.

1994년에 아마존을 시작하는 결정은 생각보다 쉽게 했다. 이때 나는 '후회 최소화regret minimization'라는 생각 방식을 사용했다. 여든 살이 되었을 때를 생각하고 인생을 되돌아보면서 어떻게 하면 후회를 최소로 줄일까 생각하면 된다. 나는 내가 여든 살이 되었을 때 아마존을 만들려고 시도했던 것을 후회하지 않을 것이다.

지금까지 벤처캐피털에 있으면서 많은 창업자들을 만나봤지만 그중에는 왜 사업을 하는지 모르는 친구들이 생각 외로 많이 있었고, 왜 사업을 하는가보다는 무슨 사업을 하는가를 더 강조하는 경우도 많이 봤다. 하지만 정말 중요한 것은 '무슨 사업을 하느냐'가 아니라 '왜 하느냐'다. 이 질문에 답하려면 창업자 스스로 자신이 누구인지 먼저 알아야 한다. 그것이 곧 회사의 비전과 직결되기 때문이다. 자신이 누구이고, 인생을 왜 사는지도 모르는 사람이 어떻게 사업을 성공시킬 수 있겠는가?

스타트업 관련 칼럼이나 책들을 보면 창조혁신의 성공 사례로 애플Apple의 위대한 창업자 스티브 잡스Steve Jobs가 많이 거론된다. 그런데 이런 글들의 대부분은 그의 천재적인 창의성과 유저 인터페이스UI/UX만 강조하는 경향이 있다. 하지만 이 세상에 스티브 잡스만큼 자신에 대해

진지하게 고민하고 해답을 찾으려 했던 창업자가 또 있었을까?

월터 아이작슨Walter Isaacson이 쓴 스티브 잡스 전기를 보더라도 그의 대학 시절 방황과 선불교 심취 그리고 히피 문화가 애플 창업 전의 많은 부분을 차지하고 있다. 더욱이 리드Reed 대학 중퇴와 18개월의 방황 끝에 그가 게임회사 '아타리Atari'에 입사했던 목적도 어찌 보면 인도로 종교 순례를 떠나는 데 필요한 자금을 마련하기 위해서였다고 할 수 있다. 그 정도로 '나 자신은 누구이고 어떻게 살아야 되는가'에 대한 깨달음을 얻고자 하는 열망에 푹 빠져 있었던 그는 1974년에 아타리를 뒤로 하고 7개월간의 인도 순례여행을 떠난다. 자아를 찾기 위해서, 그리고 어떻게 살지 고민하기 위해서.

미국으로 다시 돌아온 잡스는 지속적으로 명상을 하고 선禪을 공부하며 자아를 찾기 위한 노력을 멈추지 않았다. 그는 인도 순례의 경험이 자신의 삶에 미친 영향에 대하여 다음과 같이 술회한 바 있다.

인도에 갔을 때보다 미국으로 돌아왔을 때 훨씬 더 커다란 문화 충격에 휩싸였습니다. 인도 사람들은 우리와 달리 지력intellect을 사용하지 않지요. 그 대신 그들은 직관력intuition을 사용합니다. (중략) 제가 보기에 직관에는 대단히 강력한 힘이 있으며 지력보다 더 큰 힘을 발휘합니다. 이 깨달음은 제가 일하는 방식에도 큰 영향을 미쳤습니다. 서구에서 중시하는 이성적인 사고는 인간의 본연적인 특성이 아닙니다. 그것은 후천적으로 학습하는 것이며 서구 문명이 이루어낸 훌륭한 성취이기도 합니다. 인도 사람들은 이성적인 사고를 학습하지 않았습니다. 그들은 다른 무언가를 터득했는데, 그것은 어떤 면에서는 이성 못지않게 가치가 있지만 또 어떤 면에서는 그렇지 않기도 합니다. 그것이 바로 직관과 경험적 지혜의 힘입니다.

인도에서 7개월을 보내고 돌아온 후 저는 서구 사회의 광기와 이성적 사고가 지닌 한계를 목격했습니다. 가만히 앉아서 내면을 들여다보면 우리는 마음이 불안하고 산란하다는 것을 알게 됩니다. 그것을 잠재우려 애쓰면 더욱더 산란해질 뿐이죠. 하지만 시간이 흐르면 마음속 불안의 파도는 점차 잦아들고, 그러면 보다 미묘한 무언가를 감지할 수 있는 여백이 생겨납니다. 바로 이때 우리의 직관이 깨어나기 시작하고 세상을 좀 더 명료하게 바라보며 현재에 보다 충실하게 됩니다.

– 월터 아이작슨, 『스티브 잡스』, 92~93쪽

이런 깨달음이 있었기에 잡스는 자신감을 가지고 애플을 경영할 수 있었고, 직관에 기반한 미니멀리즘minimalism을 단순한 디자인으로 구현한 제품을 출시할 수 있었으며, 배워서 사용하는 것이 아니라 직관적으로 스스로 학습하며 사용할 수 있는 유저 인터페이스를 만들 수 있었다. 픽사Pixar의 〈토이 스토리Toy Story〉, 애플의 매킨토시Macintosh, 아이팟iPod, 아이폰iPhone, 아이패드iPad 등의 혁신적인 작품들이 나올 수 있었던 것도 그의 이런 깨달음 덕분이었다. 즉, 잡스가 전달하고자 했던 메시지는 바로 '내부의 소리why에 귀 기울여 답을 찾고, 그것을 어떻게 how 구현해낼지 고민하면, 그 결과물로 어떤 것what들이 나올 수 있다'

는 것이다.

이 점을 간과해서는 안 된다. 이것은 비단 잡스의 경우에만 해당되는 것이 아니기 때문이다. 인생이든 사업이든 이런 과정을 거쳐야 크게 성공할 수 있다. 왜 사는지, 왜 사업을 하는지에 대한 고민을 하기 전에 '난 돈을 많이 벌 거야, 난 위대한 제품/서비스를 만들 거야'와 같이 목적what에 얽매이면 큰 성공을 거둘 수 없다.

나 또한 이런 생각을 최근 『나는 왜 이 일을 하는가?Start With Why: How Great Leaders Inspire Everyone to Take Action』의 저자인 사이먼 사이넥Simon Sinek의 TED 강연을 보고 좀 더 체계화시킬 수 있었다.

그는 애플의 마케팅 방식을 설명하기에 앞서 타 컴퓨터 회사의 마케팅 방식을 이렇게 표현한다.

"우리는 훌륭한 컴퓨터를 만듭니다. 그것들은 매우 아름다운 디자인을 가지고 있고, 쉽게 이용할 수 있습니다."

어떤가? 구입하고 싶다는 마음이 드는가? 애플의 커뮤니케이션 방식은 이와 달랐다고 한다.

"우리는 우리가 기존의 현상에 도전하고 다르게 생각한다는 것을 믿습니다. 기존의 현상에 도전하는 우리의 방식은 제품을 아름답게 디자인하여 간단히 사용할 수 있고, 편리하게 만드는 것입니다. 우리는 방금 매킨토시를 만들었습니다."

이번엔 구입하고 싶어지는가? 또 이 두 메시지의 차이가 무엇인지 알겠는가?

그렇다. 애플의 접근 방식은 신념why−방법how−제품what의 과정을 거치는 반면, 타 회사들은 제품−방법−신념의 수순을 밟는다. 정보 전달의 순서만 바꾸었을 뿐인데도 애플은 고객들로 하여금 제품이 아닌 신념을 구입하는 것처럼 느끼게 한다. 즉, '내가 왜 이것을 하지? 어떻게 할까? 아, 맞아! 저 컴퓨터가 있으면 되겠네!'라는 인간 본연의 의사결정 구조와 애플의 커뮤니케이션 방식이 일치하기 때문에 애플의 접근법은 타사의 그것보다 더 호소력 있게 들리는 것이다. 반면 제품−방법−신념의 과정을 거치면 우리는 단지 업무를 하기 위한 도구로 컴퓨터를 구매하는 것에 불과해진다.

스티브 잡스는 2005년 스탠포드 대학교 졸업식 축사에서 '죽음'에 대해 얘기하며 이런 말을 한 적이 있다.

여러분의 시간은 제한적입니다. 그러니 다른 사람의 인생을 살며 귀중한 시간을 낭비하지 마십시오. 다른 사람들이 생각하는 방식과 의견에 휩쓸려 여러분 내면의 소리가 매몰되도록 하지는 마십시오. 그리고 가장 중요한 것은 여러분의 가슴과 직관을 따르는 용기를 갖는 것입니다. 여러분의 가슴과 직관은 진정으로 원하는 것을 알고 있습니다. 그 외 다른 모든 것들은 부수적인 것이지요.

한게임HanGame과 카카오를 만든 김범수 의장은 '성공과 행복은 곧 도전하는 과정'이라고 말했고, 『승려와 수수께끼』를 쓴 랜디 코미사도 '창업은 긴 여정'이란 얘기를 했다.

앞서 이야기한 위대한 창업자들 역시 창업을 얘기할 때는 한결같이 돈이나 성공, 명성보다는 '후회 없는 인생' '시간의 소중함' 그리고 '도전하는 과정'을 언급했다. 그들이 이미 거부가 되었기 때문에 그 부와 명성에 걸맞는 '철학'을 억지로 갖다 붙인 것이라 생각되는가? 절대 아니다. 적어도 그들은 다시 지금 이 순간을 산다고 해도 새로운 일을 찾고 다른 아이템으로 창업에 뛰어들었을 것이다.

예비 창업자들은 바로 여기에서 '왜 창업을 하는가'에 대한 해답을 찾아야 한다. 창업을 하는 이유에서 돈과 성공이 최우선으로 등장해서는 안 된다. 창업은 목적과 결과만 쫓아가기에는 너무나도 고된 길이므로, 모든 조직원들을 이끌고 그 기나긴 여정을 가는 데 필요한 강력한 내적 동인動因이 있어야 한다. 그 내적 동인은 흔히 큰 꿈 혹은 비전으로 표현될 수 있는데, 그것에 이끌린 조직원들이 하나로 뭉쳐 열심히 사업에 매진하다 보면 성공에 이르게 된다. 사이먼 사이넥의 표현을 빌리면 '창업을 하는 이유why를 명확히 이해하면 어떻게how 해나가야 할지 알 수 있게 되고, 그렇게 해나가다 보면 언젠가는 성공what의 문턱에 다다를 수 있다.'

내가 멘토링이나 창업 관련 수업을 진행할 때 항상 '왜 창업을 하는가'로 첫 시간을 시작하는 이유도 창업자들에게 창업을 하게 된, 창업을 이끌어가는 내적 동인을 확인하고 일깨워주기 위해서다. 그런 마음의 중심축이 있어야 과정을 즐길 수 있고 실패하더라도 과정상에서 많은 것을 얻을 수 있다. 왜냐하면 창업자 본인은 자기가 가장 원하는 일을, 자기가 가장 좋아하는 시기에, 인생의 후회 없이 하기 때문이다. 물론 실패에서 오는 반대급부가 너무 큰 것도 사실이므로 창업은 나이가 어리고 타격이 별로 없을 때, 적은 비용으로 린 스타트업lean start-up 정신에 입각해서 하는 것이 좋다.

최근 들어 창조경제 정책의 일환으로 창업과 스타트업 투자활성화 대책들이 많이 나오고 있다. 그렇지만 중요한 것은 창업자 본인이 어떤 내적 동인 때문에 사업을 하는지부터 먼저 진지하게 고민하고 그에 대한 답을 찾는 것이다. 사업이든 서비스든 우선은 그것을 하는 이유를 고민한 뒤 어떻게 만들고 무엇을 할지 생각하는 단계를 밟아가는 것이 좋을 듯하다. 예비 창업자들 역시 마찬가지다. 창업 전 자신에 대해 진지하게 고민해보고 그와 관련해 느껴지는 바가 있으면, 그다음에 왜 창업을 하는지 또 고민해보고 답을 얻은 후에 창업전선에 뛰어들길 진심으로 바란다.

실제 벤처투자자이면서 실리콘밸리의 철학자로도 불리는 랜디 코미사가 창업자와 나눈 얘기를 토대로 쓴 『승려와 수수께끼』는 이런 점에서 참으로 많은 것을 알려주는 책이다. 내게 인상 깊게 남은 그 문구를 여기에 실어본다.

여정 자체가 보상이지 그 외엔 아무것도 아닙니다. 그 목적지에 도착하려고 하는 것, 그게 바로 목적이죠. 그러니 우리에겐 낭비할 시간이 없습니다No time to waste.

2 콜럼버스로부터 배우는 기업가정신
___

'기업가정신entrepreneurship'을 얘기할 때 많이 거론되는 역사상의 인물은 아메리카 대륙을 발견한 크리스토퍼 콜럼버스Christopher Columbus다. 이탈리아 제노바 평민 출신인 콜럼버스는 일찍이 조선업과 무역업이 발전한 제노바에서 바다를 바라보며 자신의 꿈을 키워나갔다. 당시 유럽은 십자군 전쟁 이후 각국 왕실 간의 잦은 전쟁과 이베리아 반도(스페인, 포르투갈)를 700년 동안 지배한 아랍인을 내모는 작업 때문에 생산력의 한계에 도달한 시점이었다.

그때의 시장 상황을 벤처캐피털 식으로 풀어보자. 유럽이라는 한정된 시장(레드오션)과 소모적인 할인 전쟁(왕실 간의 전쟁)으로 기업의 채산성이 점점 나빠지고, 원재료(비단, 향신료 등) 가격 또한 천정부지로 오르고 있는 상황이었다. 이런 레드오션 시장에서는 생산성 증대와 시장 확대에 한계가 있기 마련이며, 이는 결국 성장이 정체되는 상황으로 이어져 많은 사회적 문제를 일으킬 수 있다.

이런 위기를 타개할 돌파구는 새로운 시장(블루오션)과 새로운 산업밖에 없음을 너무나 잘 알고 있었던 콜럼버스는 자신만의 비전을 가지고 자기 나름대로 차근차근 신대륙 탐험에 대한 사업계획을 준비하고 있었다. 첫 단계로 지도 제작을 통해 명성을 얻기 시작한 그는 선장 출신인 장인을 통해 입수한 대서양 항로를 개선해나가며 사업 준비에 만전을 기했고, 큰 그림이 완성되자 신대륙 항해를 후원해줄 투자자(벤처캐피털)를 찾아 나섰다. 투자유치를 위해 프랑스, 독일, 포르투갈 등 여러 국가를 수년간 돌아다녔음에도 돈을 구하지 못한 그에게 손을 내민 것은 스페인의 이사벨라 여왕(투자자)이었다.

물론 이사벨라 여왕이 쉽사리 후원을 자청하게 된 것은 아니다. 여왕은 그녀 나름대로 예상 항해 루트(전략) 및 항해와 관련된 기타 여러 사항들을 면밀히 점검했다. 즉, 철저한 사업성 검증due-diligence 과정을 거친 것이다. 그렇게 사업성을 검증받아 투자유치에 성공하여 본격적으로 선원(인적자원)을 모으고 항선(생산설비)을 만든 콜럼버스는 신대륙(성공, 투자회수)을 위해 산타마리아호(사업체)를 타고 미지의 세계를 향해 출항한다.

신대륙으로 가는 과정은 결코 순탄하지 않았다. 콜럼버스는 신대륙으로 항해하는 동안 거센 풍랑(외부 리스크)도 만나고 신대륙 발견 지연에 따른 선원들의 폭동(내부 리스크)도 참고 이겨내야 했다. 이런 모든 것을 극복하고 신대륙에 도착한 그는 원주민과 금은보화 등 그곳에서

획득한 전리품을 가득 싣고 스페인으로 돌아와 이사벨라 여왕에게 진상進上한다. 이런 과정을 통해 이사벨라 여왕과 콜럼버스는 모두 부와 명예를 얻게 되었다. 이상의 과정은 투자한 회사가 고가에 상장되어 창업자와 투자자들에게 거대한 수익을 돌려주는 것과 유사하다.

콜럼버스와 이사벨라 여왕의 관계는 위대한 기업가와 벤처캐피털의 관계와 동일하다고 할 수 있다. 유럽의 모든 나라에서 퇴짜 맞은 사업계획임에도 이사벨라 여왕은 콜럼버스의 야망과 가능성을 보고 투자를 결정했고risk taking, 그 사업계획은 콜럼버스라는 위대한 리더(기업가)를 통해 현실화되었다. 결국 신대륙 발견으로 스페인은 거대한 식민지를 얻을 수 있었고, 콜럼버스가 발굴한 신항로를 통해 세계 무역의 패권을 장악하게 되었다. 이 얼마나 아름다운 만남이며 생산적인 관계인가?

기업가와 벤처캐피털의 만남도 이렇게 서로 윈-윈할 수 있는 것이어야 한다. 원대한 이상을 가진 콜럼버스처럼 기업가들은 미래에 대한 안목과 도전정신 그리고 성공에 이르기까지 어려움을 극복해나갈 수 있는 끈기를 가져야 하고, 벤처캐피털은 그런 사업계획을 발굴해낼 수 있는 안목과 성공까지의 지원, 그리고 다소 시간이 걸리더라도 기다려줄 수 있는 인내력이 있어야 한다.

최근 우리나라의 창업환경은 예전과 비교할 수 없을 정도로 좋아졌다. 스타트업 지원을 위한 엑셀러레이터accelerator, 엔젤angel investor, 초기기업 전문펀드 등 자금지원 시스템도 체계화되어가고 있고, 창업 공간을 지원해주는 곳도 많이 생겼기 때문이다. 더구나 스마트폰으로 열린 모바일 세상은 적은 비용으로 회사 설립이 가능하게 만들었을 뿐 아니라 성장 속도 역시 과거와는 차원이 다를 정도로 빨라졌다. 이렇게 좋은 환경에서 많은 젊은이들이 창업전선에 뛰어들고 있긴 하지만, 아직까지 콜럼버스처럼 큰 야망을 갖고 뛰어드는 이는 드문 것 같다.

실리콘밸리의 사람들은 흔히 자신이 창업을 하는 그 장소가 세상의 중심이라 여긴다. 그래서 그들의 비전에는 '세상을 바꾸자Change the world'와 비슷한 류가 많다. 당연히 그곳에선 큰 세상을 보고 큰 그림을 그린다. 그런데 우리의 현실은 아직 그것에 미치지 못한다는 점이 못내 아쉽다. 인력 면에서는 실리콘밸리에 절대로 밀리지 않는데-물론 시장의 크기와 자금지원 규모에서는 큰 차이를 보이지만-야망의 크기 면에서는 그 격차가 너무 크게 느껴지기 때문이다. 큰 그림을 그려야 그 그림의 절반이라도 달성하지 않을까? 게다가 우리에게는 중국과 일본이라는 거대 시장도 가까이 있는데…….

콜럼버스가 이탈리아의 항구도시 제노바에서 아메리카 대륙 발견이라는 야망을 키웠던 것처럼, 바다로 둘러싸인 우리나라에서도 거대한 미지의 세계를 바라보며 더 큰 야망을 키워가는 젊은이들이 많이 생겼으면 좋겠다.

3 사업 아이디어와 시장기회, 어떻게 발견할까?

　사업 아이디어, 사업 아이템은 무엇일까? 통상적으로 창업에 있어서의 아이디어란 '아직 존재하지 않거나 틈새가 있는 제품이나 서비스의 콘셉트'를 말하는데, 때로는 아주 새로운 것이거나 기존 제품이나 서비스의 개선도 아이디어라 할 수 있다.

　하지만 번뜩이는 아이디어가 있다고 해서 그것들이 모두 창업 아이템으로 적절한 것은 아니다. 그동안 '나한테 끝내주는 아이디어가 하나 있는데 돈만 있으면 언제든 할 수 있다'라며 큰소리치는 사람들을 종종 봐왔는데, 그때마다 난 그들에게 말했다. 아이디어는 아이디어일 뿐 절대 사업기회가 아니고, 아이디어만으로는 절대 돈을 벌 수 없다고 말이다. 이렇게 생각하는 이들은 창업의 기본 과정도 이해하지 못하는 몽상가나 다름없다. 창업, 즉 새로운 업을 만드는 것은 흔히 이야기하는 기업가적 과정Entrepreneurial Process을 거쳐야 비로소 가능하다. 윌리엄 바이그레이브William Bygrave는 자신의 저서 『기업가정신Entrepreneurship』에서 이 과정에 대해 자세히 설명하고 있는데, 이를 간단히 요약하면 다음과 같다.

기회를 인지하고 기회를 추구할 수 있는 조직을 구성하는 데 필요한 모든 기능과 활동, 행동을 뜻하는 기업가적 과정은 크게 발견discovery, 콘셉트 개발concept development, 자원 확보resourcing, 실행actualization, 수확harvesting의 다섯 단계를 거친다. 발견 단계는 기업가가 아이디어를 내고 기회를 인식하며 시장을 알아가는 단계다. 다섯 단계 중 첫 단계에 불과한 데다가 아이디어가 곧 시장기회를 뜻하는 것도 아닌데 아이디어 하나가 떠올랐다 해서 사업 전부를 할 수 있는 것으로 착각하는 것은 오산 중의 오산이다.

그렇다면 시장기회란 무엇인가? 시장기회는 시장에서 고객들의 주머니로부터 돈을 꺼낼 수 있는 것을 말한다. 고객들이 기업가의 제품/서비스에 기꺼이 돈을 지불한다는 것은 곧 그 아이디어가 이익을 창출하는 비즈니스로 성장할 수 있음을 의미한다. 뜬구름 잡는 것 같았던 아이디어에 시장기회로 가능성이 있다는 것만 알아도 사업하는 데 있어 큰 힘이 되지만, 이런 기회 가능성을 발견한다 해도 앞으로 네 단계가 더 남아 있음은 명심해야 한다.

기회란 놈을 잡기가 쉽지 않은 까닭은 생각보다 까다롭기 때문이다. 기회는 적절한 시기timely에 아주 매력적attractive으로 다가와 우리에게 뭔가 의미 있는 가치value proposition를 전해주고 지속성durable을 가지는, 단순한 아이디어 이상의 그 어떤 것이다.

그럼 시장기회는 어떻게 식별 가능할까? 세 가지로 나누어 설명할 수 있는데 그 첫 번째는 기술이나 트렌드를 꾸준히 관찰하는 것이다. 최근의 기술, 시장, 소비자 등의 트렌드를 지속적으로 살피다 보면 시장기회가 엿보이기도 한다.

두 번째는 문제나 고통pain point을 해결하고자 노력하는 것이다. 에너지, 환경 등의 문제를 해결하려다 보니 그 과정에서 전기차와 더불어 저전력, 친환경 관련 제품이 나왔고, 소통communication이란 문제의 해결을 궁리하다 보니 사람을 네트워크로 연결한 페이스북이나 카카오스토리Kakao Story, 메신저 서비스인 카카오톡Kakao Talk이나 라인 등의 기회가 열린 것이다.

세 번째는 틈새를 발견하는 것이다. 관점을 바꾸면 틈새가 보이기도 한다. 모두가 친환경 전기차를 생각할 때 엘론 머스크Elon Musk는 관점을 틀어 최고급 전기차인 '모델 SModel S'를 만들었고, 모두가 공개적인 소셜 서비스를 꿈꿀 때 연인들만을 위한 폐쇄형 소셜 서비스 '비트윈Between'이 나왔으며, '내가 보낸 사진이 왜 계속 남아 있어서 날 불안하게 만들지'라는 생각은 관점을 바꿔 '스냅챗Snap Chat'이란 휘발성 메신저 서비스의 출시 계기로 이어졌다. 헉헉, 다섯 단계 중 이제 겨우 첫 단계를 마쳤다.

이렇게 발굴한 기회를 가지고 창업의 두 번째 단계인 '콘셉트 개발' 단계로 넘어간다. 이 단계에서는 사업계획의 개발, 즉 비즈니스 아이디어/아이템에 대한 세부적인 계획을 기술하게 된다. 사업계획서에는 조직 비전, 임무, 목표, 실행계획 등이 포함되어 있어야 하고, 사업수행을 위한 전제조건(특허, 도메인, 저작권, 인허가 등)이 무엇인지도 이 단계에서 반드시 확인해야 한다.

콘셉트 개발까지 마치면 그것을 실제로 수행할 수 있는 자원 확보 단계에 들어가게 된다. 이때의 '자원'에는 인적·물적 자원 모두가 포함되는데, 무엇보다 제일 중요한 것은 역시 인적 자원이다. 이것은 아무리 강조해도 지나치지 않다(평소에 이 표현은 너무 식상하다고 생각했는데 나도 쓰게 되다니!). 초기창업팀 구성, 즉 팀 빌딩team building 과정에서 좌절하는 친구들이 의외로 많지만 이 큰 벽은 반드시 넘어야 한다. 본인이 뛰어난 기획자이자 개발자라면 이 단계는 비교적 어렵지 않게 넘을 수 있지만, 그렇지 않은 예비 창업자라면 학교 혹은 직장에서 미리미리 뛰어난 개발자들과 열심히 친분을 쌓아놔야 한다. 이 단계에서 제대로 된 개발자 한 명도 못 구하고 있으면서 "아이디어는 죽이는데……"라는 소리만 하고 있을 것인가?

물론 팀 빌딩 과정에는 많은 난관이 존재하기 때문에 개발자 구하는 것만이 중요한 일은 아니다. 지분배분 문제, 초기 임직원들을 대상으로 하는 동기부여 문제, 그들과의 충돌 없이 조화롭게 팀을 이끌어가는 문제 등은 결코 쉽게 해결될 것들이 아니다. 그렇게 하기 위해서는 카리스마와 의사소통 능력, 친화력과 인덕 등이 있어야 하는데, 이런 요소들을 잘 갖추지 못한 것 같은 예비 창업자라면 우선 인간부터 되어야 한다. 그런 인간이 되기 힘들다면 최소한 그것이 가능한 인간에게 팀을 맡기고 자신은 한 발 뒤로 물러나는 것이 좋다.

팀이 어느 정도 구성되었다면 자기 자금은 얼마를 투자할 것이며, 초기 투자금은 어디에서 얼마나 유치할 것인지 등 자금계획도 수립해야 한다. 사업 초기는 아직 제품이나 서비스가 만들어져 있는 단계가 아니기 때문에 실패 확률이 비교적 높으므로 자금은 가급적 적게 투입하는 것이 좋다. 최소한의 기능이 구현된 제품 혹은 서비스인 최소존속제품MVP, Minimum Viable Product을 출시할 수 있는 정도의 자금만 있으면 충분한데, 그래야 실패하더라도 타격이 적어 다시 시작할 수 있고 그 실패를 통해 고객과 시장을 좀 더 이해할 수 있다. 실리콘밸리의 유명 엑셀러레이터인 와이컴비네이터Y Combinator의 폴 그레이엄Paul Graham이 "빨리 출시하라Release Early!"라고 외치는 것도 그 때문이다. 그는 "(제품이나 서비스를) 너무 천천히 출시해서 죽는 스타트업들은 많이 봤지만, 너무 빨리 출시해서 죽는 스타트업은 하나도 못 봤다"라고까지 이야기한다.

네 번째 단계는 목표를 달성하기 위해 자원을 사용해서 실제 비즈니스를 운영하는 실행 단계다. 이 단계의 특징은 서비스도 오픈하고 매일매일 운영에 신경 쓰면서 측정하고 분석하고 개선하는 것인데, 제일 안타까운 상태는 고객이 유입되었음에도 그들의 연령대와 선호도, 유입경로 등 기본적인 고객 프로파일 분석조차 안 되어 있는 상태다. 측정과 분석이 되어야 마케팅도 할 수 있고 고객 유지retention도 가능하기 때문이다. 그렇기에 서비스를 출시한다면 거기에 분석툴 하나 정도는 꼭 붙여놓아야 한다. 요즘은 구글Google에서도 멋진 분석툴을 무료로 제공해주고 있으니까.

이제 다섯 번째인 수확 단계로 넘어간다. 이 단계에서는 사업을 계속할 것인지 말 것인지를 결정하게 되는데, 네 번째 단계에서의 분석 결과 사업을 중단해야 한다면 접거나(사업청산) 다시 첫 단계로 돌아가 새로운 아이템을 구상해서 사업아이템을 변경pivot하고, 만약 사업을 계속하게 된다면 기존 아이템을 지속적으로 개선해나가야 한다.

이 다섯 단계까지 오는 여정은 참으로 길고 힘들다. 장거리 등산 코스를 가더라도 경치 좋은 곳에서 쉬면서 물 한잔 마시고 가게 되는 것처럼 사업도 마찬가지다. 이 봉우리 넘어서 한 번 쉬고 저 봉우리 넘어서 한 번 쉬고, 즉 이정표를 정해놓고 그것을 달성하는 재미를 느끼면서 가야만 등산도 할 만하고 즐거운 것이 되듯이, 창업이라는 험한 길을 떠나는 이들은 장단기 목표를 정하되 특히 단기 목표를 많이 정해서 '작은 성공'을 자주 맛보며 여정을 지속해야 한다.

얘기가 이상하리만치 주저리 주저리 길어진다. 창업자 및 예비 창업자들을 아끼는 어미의 마음이라면 넘 심한 것 같고, 썩 좋은 표현은 아니지만 선생(先生, 먼저 태어난 사람)의 마음 정도라고만 해둬야겠다. 하지만 아무래도 사업 성공의 첫 시작은 곧 시장기회를 아는 것이라 해도 과언이 아니기 때문에 멋진 시장기회를 발견하는 데 필요한 몇 가지만 간단히 설명하겠다.

1) 내가 잘하는 것을 해라

파티게임즈의 이대형 대표는 모바일 게임사 창업 전에 커피숍을 경영

했던 적이 있는데, 그 과정에서 원재료 구매, 종업원 관리, 테이블 회전 등 다양한 경험을 쌓았다. 그리고 게임사 창업을 하고 나니 제일 잘 만들 수 있는 게임이 커피숍 경영 게임이었다고 한다. 어느 게임사 창업자가 커피숍을 직접 경영해본 이대형 대표보다 그런 게임을 더 잘 만들 수 있겠는가? 그렇게 해서 나온 게임이 '아이 러브 커피'다.

2) 모르면 시장과 고객에게 직접 물어봐라

소셜 커머스 그루폰Groupon은 원래 킥스타터Kickstarter와 유사한 크라우드 펀딩crowd funding 사이트였다고 한다. 그런데 펀딩 사업이 잘 안 되어 어떤 사업을 해야 할지 구상하다가 건물 1층에 있는 피자가게에 갔는데, 점심시간 이후 텅텅 비어 있는 가게를 보고 그곳의 쿠폰을 할인해서 팔아보기로 했다. 첫 20명의 고객이 이 쿠폰을 구매한 것에서 시장기회를 본 그루폰은 워드프레스 블로그를 가져다 스킨을 바꿔 그루폰이라고 이름 지은 다음 날마다 그곳에 상품을 올렸다.

3) 내가 아닌 고객이 원하는 것을 찾아라

파이브락스(5Rocks, 전 아블라컴퍼니)는 원래 '예약왕 포잉' '블레틴' 등의 어플리케이션을 만드는 모바일 앱 서비스 회사였다. 이창수 대표의 표현에 의하면 '파이브락스'라는 서비스는 예약왕 포잉을 서비스하면서 백엔드(back-end, 프로세스의 마지막 단계)에 만들어놓았던 사용자 데이터 분석 솔루션을 모태로 실험적으로 만든 것인데, 이 솔루션을 본 파트너 기업들의 다수가 '우리에게 필요한 서비스인데 따로 쓰게 해주면 안 되겠느냐'라며 요청해왔기에 별도로 분리해서 만들었다고 한다. 즉, 회사가 원했던 서비스가 아니라 고객이 원했던 서비스를 주력으로 삼아 사업 아이템을 완전히 변경한 것이다. 기존의 포잉 사업 부문은 타 회사에 매각해버리고 말이다.

4) 지속적으로 공부하고 연구해라

고객을 끊임없이 연구하고 분석하는 스타트업 중 비트윈으로 유명해진 VCNC만 한 기업이 또 있을까? VCNC가 운영하는 블로그(http://engineering.vcnc.co.kr)를 보면 그들이 개발과 고객을 얼마나 열심히 고민하고 연구하는 중인지 알 수 있다. 그러니 커플앱으로 우뚝 선 것일 테고.

4 사업계획서 작성,
― 모방과 훔치기 사이에서

은행권청년창업재단에서 '쫄지 마! 창업스쿨' 강의를 했다. '투자유치를 위한 사업계획서 작성 및 피치pitch' 라는 제목으로. 두 시간 동안 강의하다 보니 목도 쉬고 기진맥진해졌지만, 졸지 않고 끝까지 강의에 집중하던 이들의 모습은 내게 큰 위안이 된다. 강의 뒤에 조촐히 가지는 찻집 뒷풀이도 흥겹다. 이젠 뒷풀이 고정멤버가 생긴 듯하다.

사업계획서 작성과 관련해서 강연을 할 때 내가 항상 사용하는 문구가 있으니, 바로 피카소Pablo Picasso의 유명한 말 '좋은 예술가는 모방하지만 위대한 예술가는 훔친다Good Artists Copy, Great Artists Steal'가 그것이다. IT 업계 최고의 혁신적 기업가 스티브 잡스도 이 말을 자주 애용하곤 했다.

이 말을 좀 더 명확히 이해하려면 피카소가 남긴 불후의 명작 '아비

농의 여인들Les Demoiselles d'Avignon'의 탄생 배경을 살펴볼 필요가 있다. 이 작품은 피카소의 독창적인 아이디어에서 나온 것이 아니다. 천재 화가인 그도 그가 존경하고 배우려 노력했던 마티스Henri Matisse로부터 영감을 받은 바 있다. 마티스의 '삶의 기쁨Le Bonheur de Vivre'과 '아비뇽의 여인들'의 구성과 색채가 비슷한 것만 보더라도 피카소가 마티스를 모방했음에는 틀림이 없다. 하지만 피카소의 그림에는 뭔가 거칠고 각진 느낌이 있다. 그는 마티스의 왜곡된 완만한 선, 원색에 가까운 색채와 특이한 구성에 아프리카 조각상의 거친 선을 결합하여 자신만의 화풍을 완성했다. 즉, 평면의 회화와 입체의 조각 느낌을 결합하여 전혀 새로운 그림의 세계를 열었고 그 때문에 그는 천재 화가로, 그의 작품은 명작으로 인정과 칭송을 받는 것이다.

모방과 훔치기의 차이점은 소유권에 있다. 모방copy의 경우에는 그 저작권copyright이 아직도 모방해온 상대방에게 있기 때문에 표절에 해당한다. 반면 훔치는 것은 비록 불법적, 일시적이지만 그 소유권이 내게 넘어온다. 여기에서 중요한 것은 바로 이것, 내게 넘어온 소유권에 다른 것을 결합하여 온전히 내 것으로 만든다는 것인데, 이것이 곧 '훔친다'는 개념이다.

아마 피카소에게 감동을 준 아프리카 조각상을 만든 조각가도 거친 선의 조각상이 어떤 가치를 지니는지 미처 몰랐을 것이다. 마치 GUIGraphic User Interface를 만들고도 그 가치를 깨닫지 못해 그것을 알아본 스티브 잡스에게 넘긴 제록스Xerox처럼 말이다. 피카소는 주인조차 알아채지 못한 그 거친 선의 느낌을 마티스의 화풍과 결합하여 '아비눙의 여인들'을 완성했고, 스티브 잡스는 제록스로부터 헐값에 사들인 GUI를 이용해서 매킨토시와 아이팟, 아이폰, 아이패드까지 만들어냈다. 그 매킨토시의 GUI를 또 빌 게이츠가 윈도우로 베꼈고, 앞으로 더 멋진 놈들이 그걸 또 베껴가겠지만.

좋은 것은 그렇게 돌고 돈다. 얼핏 보면 그냥 막 도는 것 같지만 그 가치를 알아본 놈들 사이에서는 계속 돈다. 사업계획서 작성, 비즈니스 모델링도 다 비슷한 맥락인 것 같다. 그래서 난 사업계획서 작성 시 '반드시 자신이 하려는 사업과 유사한, 아니면 그 분야에서 성공한 기업의 사업계획서를 훔치라'고 말한다. 훔치고 그것에 빨리 다른 뭔가를 결합하여 자신만의 것으로 만들라고 말이다.

이렇게 얘기만 하고 끝내면 너무 썰렁하겠지. 그래도 명색이 미니 창업교실인데. 그러니 일단 사업계획서의 정의부터 살펴보자. 모든 답은 대부분 정의에서부터 나오는 법이니까.

사업계획서는 특별한 사업목적에 도달하기 위해 그 계획을 기술한 공식 문서다. 그런데 이 문서는 나만이 아니라 남도 믿어야 되는 문서이기 때문에 기본적으로 설득력을 갖춰야 한다. 설득력은 그것을 보는 사람(투자자)에 대한 충분한 이해, 그것을 행하는 사람(창업자)과 그 사람의 스토리텔링(내용 및 그것을 풀어가는 방법)에서 판가름된다. 따라서 사업계획서 작성 시에는 이 세 가지 요소에 집중해야 하는데, 이에 대해 좀 더 자세히 살펴보자.

첫째, 누구를 위해 작성하는지를 염두에 두자. 이것은 매우 중요하다. 사업계획서를 보는 대상, 즉 이해관계자에 따라 그에 대한 접근 방식도 달라지기 때문이다. 대상을 충분히 이해하고 있다면 사업계획서도 어떻게 작성해야 할지 답이 나오기 마련이다. 투자자라고 해서 보는 관점들이 모두 같은 것도 아니다. 엔젤, 엑셀러레이터 등 시드seed 단계에 투자하는 투자자들이 주목하는 점과 그다음 단계인 초기 중심 벤처캐피털이 보는 점은 서로 다르다. 엔젤이나 엑셀러레이터는 대규모 매출이나 손익분기점BEP 달성, 상장 또는 M&A와 같은 회수 등에는 상대적으로 관심이 덜하다. 대신 어떻게 자신들이 투자한 창업팀이 그다음 단계인 벤처캐피털로부터 투자를 받을 수 있을가에 눈이 쏠린다. 그래야 그 투자에 대한 성공 확률을 조금이나마 높일 수 있기 때문이다.

상장이나 M&A는 그들에게겐 너무 먼 얘기이므로 엔젤이나 엑셀러레이터를 위한 사업계획은 얼마나 적은 비용을 쓰고, 언제 최소존속제품 수준의 제품이나 서비스를 출시할 수 있으며, 창업팀이 그것을 수행할 능력을 보유하고 있는지, 그리고 어느 정도의 마일스톤milestone을 달성하면 추가 투자유치가 가능한지를 중심으로 작성하는 것이 좋다. 만약 벤처캐피털 투자유치를 위한 사업계획서라면 규모의 경제를 이루고, BEP 달성은 언제 가능하며, 지속 성장 및 수익성 유지도 가능해서 수확도 어렵지 않다는 중심으로 써야 한다.

두 번째 요소는 창업자와 관련된 내용을 써야 한다는 것이다. 스타트업은 창업자가 전부라 해도 과언이 아닌데, 그렇다면 그와 관련해서는 무슨 말을 써야 할까? '나한테 투자해주면 반드시 대박을 내주겠다' 혹은 '열심히 최선을 다해 일할 테니 믿어달라' 등과 같은 얘기를 해야 할까? 말도 안 되는 소리다. 자기가 목숨 걸고 시작한 사업에 최선을 다한다는 것은 창업자로서 당연한 이야기다. 그런 얘기는 아마추어나 하는 것이고, 프로는 프로답게 굴어야 한다.

창업자는 자신이 그 일을 잘할 수 있는 적임자임을 최대한 보여줘야 한다. 가장 좋은 방법은 자신이 하려는 사업과 직간접적으로 관련된 과거의 성공 경험을 풀어주는 것이다. 창업 전 직장에 다닌 적이 있다면 그때 유사한 일을 맡아서 수행했던 경험과 당시 쌓아두었던 네트워크 및 배웠던 점들을 기술하는 것이 좋고, 창업 경험이 있다면 실제 스타트업에서 보여줬던 자신의 역할과 능력을 기재하면 된다. 그런 경험들이 없다면 창업 동아리를 했던 것이라도 긁어모아서 써야 한다. 그런 것들이 창업자의 능력을 조금이나마 대변하는 근거가 될 수 있기 때문이다.

셋째, 사업계획서의 스토리텔링 면에도 신경 써야 한다. 사업계획서를 처음부터 끝까지 살펴봤는데도 무슨 사업을 하겠다는 것인지 이해되지 않는 경우는 의외로 많다. 그러므로 내용적인 측면에서는 무조건 명확하되 객관성을 최대한 유지하고, 형식적인 측면에서는 알기 쉽게 쓰되 일관성이 유지되도록 해야 한다. 특히 자신도 제대로 이해하지 못하는 어려운 용어로 사업계획서를 도배해서는 안 된다.

스토리텔링 방식은 창업자 혹은 사업아이템별로 제각기 다르기 때문에 위의 요소들을 바탕으로 자신에게 제일 맞는 것을 찾아야 한다. 통상 스타트업은 재무적 안정성이나 회수 방안에 취약할 수밖에 없으므로 그것을 제외한 부분, 즉 사람, 시장, 그리고 제품/서비스에 집중해서 스토리텔링을 찾는 것이 좋다. '성공에 배고파하고 매우 스마트하면서도 열정적이라는 특징을 가진, 즉 위대한 창업자가 될 기질이 다분한 내가 바라보는 이 시장은 성장 초입 단계인 데다 향후 그 규모가 급속히 커질 것으로 판단되고, 그곳에 내놓을 나의 제품 혹은 서비스는 그 시장과 궁합이 맞아떨어진다product-market fit'라는 식으로 스토리텔링을 하는 것이다.

자신의 혼을 담아 잘 작성한 사업계획서는 그 자체만으로도 감동을 줄 수 있음을 잊어서는 안 된다. 많진 않지만 나 역시 십몇 년간 벤처 캐피털 분야에서 일하면서 이런 사업계획서를 만나본 적이 있는데 그때 느꼈던 감동은 지금도 잊을 수 없다. 그러니 당신도 당신의 사업계획서에 혼을 담기 위해 노력해보라. 그 정성은 읽는 이에게 분명히 전달될 것이다. 다음은 사업계획서에 포함해야 할 내용, 작성 시의 팁 및 유의점을 정리해본 것이다.

TIP

사업계획서에 포함해야 할 내용

- 표지|cover

- 요약executive summary

- 회사 개요company description

- 제품이나 서비스product/service

- 시장분석market analysis

- 마케팅 계획marketing plan

- 운영 계획operations plan

- 재무 계획financial plan

- 경영진management team

- 회수 방안exit strategy

- 위험 분석risks

TIP

사업계획서 작성 시의 유의점

- '국내(혹은 세계) 최초의 서비스/상품'이라는 표현은 쓰지 말자.

- '영업기밀이라 알려드릴 수 없다'는 식의 표현도 피하자.

- 투자유치 금액 목표, 사용 내역을 제대로 파악 못하는 경우가 나와서는 안 된다.

- 사실fact과 의견opinion을 혼동하지 말자.

- 검은 배경에 흰 글씨를 사용하거나, 스티브 잡스의 슬라이드를 흉내 내지 말자.

- 똑같은 사업계획서 그림, 도표, 사진 등을 그대로 베끼지 말자.

- 국·영문 오탈자 및 띄어쓰기에 유의하고, 한글 파괴에 해당하는 단어를 사용하지 말자.

사업계획서 작성 시의 팁

- 지나친 겸손은 독이다. 자신감을 드러내되 그 근거를 명확히 밝히자.

- 강점 위주로 작성하고 약점은 최소화한다.

- 부정적 단어보다 긍정적 단어를 사용하고, 어려울 경우에는 최소한 중립적 단어를 쓰자. 특히 투자자를 살짝(?) 치켜세우는 용어 사용을 권장한다.

- 진심은 통한다. 진심을 담자.

- 사업 아이템보다 사람이 오히려 더 큰 감동을 준다.

- 투자자가 창업자를 만나고 싶게 만들자.

- 논리적인 스토리텔링이 되게 하자.

- 발표자가 직접 만들자(창업자가 직접 작성).

- 제대로 공부하고 만들자. 투자자가 이미 해당 사업분야의 전문가인 경우도 있다.

- 자료 소스를 공개하는 등 투자자의 투자 의사결정에 도움이 되는 방식으로 작성하자.

- 하나만이라도 기억에 남도록 만들자.

5 창업자의
___ 지적 정직함

2003년 8월, 리얼미디어코리아는 2002년 4월에 이어 다시 한 번 코스닥 예비심사에서 보류 판정을 받았다. 투자사인 KTB를 비롯한 대주주 및 임직원들의 실망은 이만저만이 아니었다. 사실 그보다 한 달 전인 7월에 경영진 세 명은 코스닥 보류 판정 가능성을 염두에 두고 있었다. 강남 고속터미널 부근에 있는 메리어트 호텔에서 나(당시 CFO)를 포함한 세 명의 경영진이 모였다. 먼저 정재우 대표가 한마디 한다.

"우리, 이번에도 분위기가 좋지 않을 것 같아요. 이쯤에서 코스닥 심사는 자진 철회하고 다른 방법을 찾아보는 게 어때요?"

"다른 방법이라니요?"

"아, 그게……. 사실 미국 본사에서 인수 제안이 들어왔는데, 코스닥에서 떨어진 다음에 협상에 들어가면 아무래도 밀릴 것 같아서요."

"그래도 지금까지 고생한 임직원들을 생각해서 심사결과가 나오는 다음 달까지는 최선을 다해보시는 것이 어떨까요?"

"이번에도 영 안 될 것 같은데, 이러다 M&A까지 무산되면 어떻게 해요?"

"그래도 사장님, 코스닥은 한번 가보셔야죠. 코스닥 상장 후에도 M&A가 될 수 있습니다. 옥션이 그랬잖아요."

"우리가 뭐 옥션도 아니고……."

담배 연기가 안개처럼 방을 채우고 있다. 난 담배도 안 태우는데 완전 굴에 갇혀 연기에 취해 몽롱해진 한 마리 여우가 된 것 같았다. 그 여우굴을 탈출한 것은 다섯 시간이 넘는 열띤 토론 후였다. 결론은 코스닥 심사 최종결정까지 기다려보면서 M&A도 함께 추진하자는 것이었다.

그로부터 한 달 후인 8월, 리얼미디어코리아는 코스닥 보류 판정을 받았다. 그 심사과정 중에도 본사로는 실사자료가 건너가고 M&A는 일정대로 진행되고 있었다. 그리고 여기에 한 가지 더 추진된 일이 있었으니, 투자사 KTB와 맺은 신주인수계약서를 무효화(?)하는 것이었다. 불과 1년 전까지 근무했던 KTB에 내가 리얼미디어코리아 입장에서 이런 얘기를 하게 되다니, 참으로 난감했다.

정 대표는 주도면밀한 사람이었다. 그는 KTB와 신주인수계약서 체결 시 의무 IPO(상장) 조항에 제3시장(장외시장, 현 한국거래소의 코넥스 시장과 유사) 등록도 포함시켜놓았다. 내가 KTB 담당자로 있을 때에도 주의 깊게 보지 못한 부분인데 리얼미디어코리아에 와서 보니 그 조항이 떡하니 적혀 있었다. 통상적으로 계약서에서 말하는 주식시장 상장은 코스피와 코스닥 또는 그와 상응하는 해외시장에서의 상장을 뜻하는데 정 대표가 그 안에 제3시장도 포함된다는 조항을 슬쩍 삽입해둔 것이다. 당시엔 투자 후 5년 이내 상장 또는 M&A한다는 것이 의무조항으로 들어가 있었고 그 기간 내에 회수가 되지 않으면 이해관계인(대주주 혹은 그 특수관계인)이 연대보증 책임을 지게 되어 있었기 때문에 대주주 입장에선 상당히 부담스러운 조항이 아닐 수 없었다.

정 대표는 일단 KTB에 사전 공지 없이 제3시장에 등록하라고 했다. 장외시장 등록은 의외로 간단했다. 코스닥 상장 준비를 해왔던 터라 관련 서류는 이미 다 준비되어 있었으니까. 신청 직후 바로 장외시장에 등록되었고, 등록을 유지하기 위해 한 달에 한 번 아주 소량의 주식만 거래하면 되었다. 상장이 완료되자 난 KTB 담당자 조종수 팀장을 찾았다.

"형님, 죄송합니다."

"왜? 무슨 일 있어?"

"그게 아니고, 이번에 우리 회사가 제3시장에 등록했어요."

"근데 그게 왜?"

"투자계약서에 보면 제3시장 등록도 IPO로 인정된다고 되어 있어서, 이제 더 이상 우리가 KTB에 투자계약서상의 의무를 이행하지 않아도 되거든요."

"무슨 소리야? 계약서 좀 갖고 와봐."

"사실 저도 리얼미디어 와서 이 조항이 있는 줄 알았어요. 제 입장도 무척 난감합니다."

"그래서 앞으로 뭘 어떻게 한다는 거야?"

"뭐 연대보증 의무도 없고 계약 의무사항도 없으니 정 대표가 하고 싶은 대로 하겠죠."

"쩝!"

최근 들어 벤처캐피털 투자계약서의 불합리한 부분은 많이 개선되었지만 그때는 대주주의 책임을 막중하게 하는 많은 의무조항이 달려 있었다. 특히 기한 내 의무 IPO에 따른 대주주 환매buy-back 조항은 공포의 대상이 되었다. 어떻게 보면 리얼미디어코리아는 정 대표의 기지(?)로 그 위기를 벗어날 수 있었던 것일지도 모르겠다. 물론 결과론적으로 보면 정 대표가 본사와의 M&A를 멋지게 성사시켜 KTB에 큰 회수의 기쁨을 안겨줌으로써 상호 윈-윈이 이루어지긴 했지만, 그렇다고 해서 과정상의 껄끄러움까지 사라진 것은 아니었다.

링크드인LinkedIn에 투자한 베세머 벤처 파트너스Bessemer Venture Partners의 데이비드 코완David Cowan은 창업자와의 소통을 중요시하며 "투자 시 꼭 보는 창업자의 덕목 중 제일 중요한 것은 지적 정직함intellectual honesty"이라고 말한 적 있다. '지적 정직함'이라는 해석이 맞는지는 모르지만, 창업자는 최소한 회사에서 벌어지고 있는 것들을 투자자에게 가감 없이 솔직히 말해야 한다. 그래야 그 둘은 진정한 의미에서의 파트너 관계가 되기 때문이다. 창업자가 작은 것부터 속이기 시작하면 혹 그 사업이 실패하며 다른 사업으로 전환하려고 해도 투자자는 도와주지 않으려 할 것이고, 특히나 고객 및 시장과 관련된 데이터를 속이기 시작하면 더더욱 그럴 것이다. 나중에 투자자에게 솔직히 고백하고 도움을 청한다 해도 이미 무너져버린 신뢰 관계를 회복하기란 거의 불가능해진다. 그렇기에 지적 정직함을 바탕으로 한 소통은 투자자와 창업자의 관계에서 가장 중요한 요소에 해당한다.

투자유치 후 사업에 최선을 다했는데도 사업실패에 따른 부담을 창업자가 고스란히 지게 되는 우리나라 계약 풍토상 앞서 이야기한 리얼미디어코리아의 사례가 전혀 이해되지 않는 것은 아니지만, 그때의 소통방식이 내 기억 속에 여전히 께름칙하게 남아 있는 것도 사실이다.

6 스타트업과
인센티브
__

2013년 4월이다. 벚꽃이 바람에 하나둘 떨어진다. 해마다 벚꽃 구경을 갔는데 올해는 그저 아파트 단지 내의 풍경으로만 만족하고 있다. 낮엔 제법 봄의 따스함이 느껴진다. 4월이 되면 항상 춘래불사춘春來不似春을 외치곤 했지. 올해도 마찬가지였지만. 그래도 봄은 이미 성큼 다가와 있었다.

얼마 전에 리얼미디어코리아의 정재우 대표님을 뵈었다. 리얼미디어코리아. 내가 KTB를 나와 2002년부터 1년 반을 몸담았고 짧게나마 스타트업을, 그리고 온실이 아닌 야생을 처음 경험했던 회사. 감회가 새로웠다.

정 대표는 새로운 사업을 시작하고 있었다. 리얼미디어를 외국 기업에 팔아 멋지게 회수도 하셨지. 난 죽어라 일만 해주고 나왔는데 그분은 돈도 많이 벌었고. 벤처캐피털에 몸담고 있었으면서도 나는 왜 내 인센티브 계약을 그리도 멍청하게 했는지. 그땐 그저 KTB를 관두고 싶은 마음에 구두로 한 인센티브 계약을 믿고 간 것이었는데……

"이희우 대리, 제발 우리 회사로 오시죠."

"우선 이렇게 세 번씩이나 오라고 해주시니 고맙습니다. 그런데 대우는 어떻게 해주시나요?"

"주식 1만 주를 드리고, 연봉도 직원들 중에선 제일 많이 드리지요."

"직급은요?"

"직급은 부장급으로 하려고 하는데요."

"이사가 아니고요?"

"아직 이사 달긴 그렇고요. 우리 직원들 중 최고 직급이 차장이니 부장으로 하시죠. 이사는 IPO 성공하면 다는 걸로 하고요."

"아, 네."

"이번에 오셔서 꼭 IPO 될 수 있도록 도와주세요. 부탁드립니다."

"음…… 그러죠. 그럼, 7월 한 달 쉬고 8월부터 출근하겠습니다."

그게 전부였고, 난 그 말만 믿고 리얼미디어로 옮겼다. 연봉은 KTB와 비슷한 수준이었지만 그래도 주식을 준다고 했으니까.

그런데 입사 첫날, 난 알았다. 나는 일개 종업원에 불과하다는 것을. 이전엔 투자사 담당자의 자격으로 정 대표를 만났지만, 리얼미디어 입사 후의 정 대표는 내 밥줄을 쥐고 있는 오너였다.

주식을 주는 등의 인센티브 계약은 이미 리얼미디어에 투자한 벤처캐피털이 있었기 때문에 해결할 수 있는 폭이 거의 없었다. 정 대표의 지분을 무상으로 내게 넘기는 것도 투자사와의 신주인수계약서상 불가능했고, 설령 투자사가 승인해준다 해도 풀어야 할 세무상의 문제는 한두 개가 아니었다. 스톡옵션stock option 역시 이미 고가에 투자한 투자사의 가격 이하로 하기엔 문제가 되었고, 정 대표는 그런 계약서 핑계만 대고 있고. 몸부림쳐봤자 난 일개 종이었을 뿐, 갑과 을은 이미 뒤바뀐 상황이었다.

리얼미디어는 이미 2002년도에 주식시장 상장을 시도하다 떨어진 이력이 있었다. 하긴 그래서 나를 뽑은 것이었지만. 실제 내부에 들어가서 본 회사 실적은 결코 만만치 않았다. 밑의 여직원 세 명을 데리고 내부통제제도를 정비하고, 우리사주조합도 만들고 하면서 IPO를 서서히 준비해나갔다.

당시 리얼미디어는 나스미디어(2013년 코스닥 상장)에 이어 인터넷 광고 관련 2위 미디어렙사였다. 그런데 네이버나 다음Daum 등 매체사들의 파워가 커지면서 마진 구조가 점점 나빠지고 있었기 때문에 상황이 더 악화되기 전에 IPO를 서둘러야 했다. 우선 실적이 상승 추세를 타야 하기에 IPO 전년도 실적을 밀고 당기며 살짝 매만졌다. 제일 좋은 방법은 역시나 개발비 늘리기다. IT 및 서비스 기업은 R&D 비용이 많을 수밖에 없다. 영업이익을 높이려면 R&D 비용을 자산화하여 무형자산(개발비)으로 쌓아두는 방법이 제일 손쉽고, 개발비 관련 세부내역 명세를 잘 만들어놓으면 회계감사도 별 문제없이 통과할 수 있다(당시는 IPO를 하기 위해 지정감사를 하지 않아도 되던 때였다).

실무적으로 직접 IPO을 준비했던 과정 덕분에 나는 많은 경험을 쌓을 수 있었다. 벤처캐피털로 다시 돌아와서도 투자기업의 IPO에 대해 좀 더 적극적인 컨설팅을 할 수 있었고, 어떻게 회사의 모습을 만들어 가야 하는지 얘기해줄 수 있게 됐으니까.

그럼에도 2003년 여름의 IPO에서는 보기 좋게 떨어졌다. 두 번 연속이다. 매출 성장이 검증되지 않는 업종이고 마진율도 나빠져만 간다는 것이 이유였다. 일견 일리는 있어 보였지만, 2003년에 2,000억 원 수준이었던 인터넷 광고 시장이 2013년에는 2조 원이 넘는 규모로 성장했는데 그런 거대 트렌드도 모르고 심사를 하니 꽤 답답한 면이 없지 않았다. 하지만 IPO에 대한 불평은 그만두겠다. 어쨌든 IPO 실패는 해외 M&A 시도로 전환되었고 그래도 주주들은 성공적으로 회수를 했으니까. 그럼 나는 어떻게 되었냐고? 정 대표는 벤처캐피털을 제외한 주주들로부터 무상증여받은(자사주로 무상매입) 총 지분의 1%를 3년 근무라는 조건으로 우리사주조합에 일정 비율에 따라 배분해주었다. 정 대표 본인은 아마도 0.2% 정도를 무상증여했겠지. 나도 쥐꼬리만큼 받았지만 1년 반만 근무하고 다시 벤처캐피털로 돌아올 수밖에 없었다. 지분은 다시 우리사주조합에 던져주고. 그런 정 대표가 지난주에 투자받기 위해 나를 찾아온 것이다.

사실 스타트업에서 창업자(혹은 공동 창업자)와 회사 성장에서 필요한 인력 영입에 따른 보상을 어떻게 처리하느냐는 결코 쉬운 문제가 아니다. 물론 지분을 나눠주면 쉬울 것 같지만 이미 고가에 들어온 투자자가 있다면 타인에게 낮은 가격으로 지분을 나눠주는 것은 절대 불가능하다. 더구나 그렇게 지분을 받은 임직원이 퇴사라도 하게 될 경우엔 어떻게 하겠는가? 스타트업은 사정상 높은 연봉을 주지 못하기 때문에 지분이든 스톡옵션이든 급여 이외의 인센티브 방안을 고안하게 되지만 사실 현실적으로 선택할 수 있는 방안은 만만치 않다.

개인적으로 선호하는 방법은 스톡옵션이다. 스톡옵션은 회사에 꼭 필요한 인재(주로 임원)에게 집중적으로 보상해주는 방법 중 하나인데, 일부 기업에서는 전 직원들을 대상으로 스톡옵션을 남발하기도 한다. 우리나라 특유의 평등주의를 바탕으로 하기 때문인지는 모르겠지만 스톡옵션은 모든 임직원들에게 뿌려주라고 있는 것이 아니므로 직원들을 위해서는 다른 인센티브 방안을 고려해야 한다. 우리사주조합에 대주주가 자사주 형식으로 기부하여 그것을 배분하는 것도 좋은 방법이다. 세무적인 문제가 없고 장기적인 인센티브 플랜도 될 수 있기 때문이다.

내가 스톡옵션을 좋아하는 이유는 2년 이상 근무해야 행사가 가능한 스톡옵션의 구조 때문이다. 즉, 3년 혹은 4년 이후 등 행사 시기를 자율적으로 늦출 수 있고, 스톡옵션을 보유한 인력이 의무근무기간 전에 자발적으로 퇴사할 경우에는 기존에 부여했던 스톡옵션을 취소할 수도 있다. 비록 아직까진 스톡옵션 관련 소득세 규정이 불리하게 만들어져 있는 상태지만 이 또한 최근의 스타트업에 대한 우호적 분위기에 따라 개선될 것으로 보인다.

물론 이런 인센티브의 진정한 의미는 궁극적으로 회사가 잘 성장하여 IPO와 M&A를 통해 현금화할 가능성이 높을 때 생긴다. 가장 큰 인센티브는 역시나 스타트업의 성장과 자신이 그 성장을 견인하고 있다는 데서 오는 성취감이겠지만 말이다.

7 나만의 창업스쿨을 열다:
린 스타트업 방식의 접근법

사실 '쫄지 마! 창업스쿨'은 '쫄지 말고 투자하라'에 이은 '쫄지 마' 시리즈의 두 번째 판이다. 나는 '쫄투'를 통해서 많은 창업자들을 만났고, 그 사업이 좋든 싫든 사업계획서를 면밀히 검토하고 1시간 가까운 방송을 통해서 그들의 진지한 창업 스토리를 들을 수 있었다.

그렇게 1년 정도 '쫄투'를 진행해온 2012년 12월 초, 박사논문 최종 심사까지 마치고 나니 갑자기 마음이 허해지면서 뭔가 새로운 것을 해야만 할 것 같았다. 나는 그래야 집중할 수 있는 류의 인간이기에. 그런 고민을 하던 즈음 후배들이 창업스쿨을 꾸리고 운영하는 것을 보게 되었고, '그래, 지금까진 열심히 공부를 해왔으니 이젠 배운 것을 사회에 베풀어야겠다'라는 생각을 하게 되었다.

사실 과연 내 이름으로 창업스쿨을 열면 몇 명이나 모일지 걱정스러웠기에 우선은 시장반응 테스트를 해보기로 했다. 린 스타트업에서 말하는 최소존속제품이란 개념의 것을 내가 하려는 창업스쿨에서도 만들어보기로 한 것이다. 그래서 일단 서울대, 연대, 카이스트 등에서 특강할 때 주된 주제로 잡았던 '벤처캐피털과 기업가정신'이라는 테마로 한 강의를 온라인에 올린 뒤 모객 수준을 파악해보기로 했다. 어느 플랫폼에 올릴까 고민하다 이내 '쫄투'에도 출연했던 인연을 기억하며 에브리클래스Everyclass의 김혜원 대표에게 전화를 했다.

연말이라 그런지 저녁 약속이 많았고 겨우 하루만 스케줄이 비어 있었다. 그렇게 고른 날이 12월 19일 수요일 오후 7시. 에브리클래스에 올릴 강의 설명자료를 만들고 2주 전에 모객을 개시했다. 처음부터 너무 욕심을 부리면 안 될 것 같아서 모객 수는 20명으로 정했다. 수강료는 1만 원이고 장소는 토즈 강남점. 내 이름 걸고 하는 첫 유료강의의 시작이니 살짝 떨렸다.

하지만 생각보다 모객이 잘 되지 않아서 내 페이스북과 트위터에서도 적극적으로 강의를 알렸다. 한두 명이 신청을 한다. 내가 아는 모든 인맥을 동원해야 했다. 첫 산출물이 실패로 끝나면 더 이상 창업스쿨을 지속할 수 없기에. 그래서 모교인 서강대 창업동아리와 친분이 있었던 연세대 창업지원단의 박소영 팀장께 도움을 요청했다. 물론 바터(barter, 금전 수수가 없는 물물교환 방식)는 아니지만 예전 연세대 창업지원단 소속 스타트업 4개사의 '쫄투' 출연 인연도 있고 해서 박 팀장님은 적극 도와주셨다. 하여튼 이렇게 저렇게 첫 창업스쿨 데뷔를 위해 내 최선을 다했다. 하지만 '쫄투' 페이스북 페이지에는 홍보하지 않았다. 너무

속 보일까봐. 어쨌든 처음 목표했던 20명은 채워졌다.

대망의 19일. 아침에 일어났는데 느낌이 이상했다. 아뿔싸, 대통령 선거일이다. 12월 중 유일하게 약속이 없어서 창업스쿨 테스트 강연일로 정한 것이었는데 하필 그날이 선거로 인한 공휴일이라니. 일단 와이프와 함께 투표는 했다. 오후 세 시쯤인가 '머니투데이'에서 연락이 온다. '박근혜 대통령 당선인에게 바라는 바'라는 제목으로 밤 12시까지 기고문을 써달란다. 내가 서강대 출신이라서 고른 건가? 모르지. 하여튼 머리가 복잡해진다(나중에 안 사실이지만 언론사에서는 야당, 여당 후보 각자가 당선될 가능성을 두고 대통령 당선인에게 바라는 글을 준비한다고 한다). 가뜩이나 박빙인 이번 대선에서 선거방송이 한창인 오후 7시에 창업관련 강의를 들으러 오는 사람이 있을까?

선거방송이 시작되기도 전에 집을 나섰다. 강의 장소인 토즈 강남점에 미리 가서 발표 준비를 해야 했기에, 6시 50분이 넘어가니 사람들이 한두 명 들어오기 시작했고, 7시가 다 되어가니 열다섯 명이 넘는 인원이 자리를 채웠다. 지금 기억으로는 열아홉 명이 참석한 것 같다.

수업이 끝난 뒤 에브리클래스 수수료, 장소 및 장비 대여료를 제외하고 나니 4만 원 정도가 내 손에 쥐어졌다. 뿌듯했다. 물론 그 돈은 내 첫 강의에 참여해준 수강생들과의 호프 뒷풀이에서 다 썼다. 아니, 오히려 그보다 더 썼지.

하지만 내게 그날 중요했던 것은 가능성을 봤다는 것이었다. 단 한 과목이었지만 나는 린 스타트업에서 배운 대로 최소존속제품을 만들었고, 선거일이라는 장애물을 넘어 초기에 목표했던 스무 명에 근접한 고객을 모았다. 자신감이 붙었고, 판을 키워보기로 했다.

그때까지만 해도 창업스쿨에는 공식 명칭이 없었다. 한 편의 강의만 테스트로 올렸을 뿐이었으니까. 하지만 앞으로 계속하려면 명칭을 정해야만 했고, 당연 '쫄지 말고 투자하라'와 일관성 있는 이름이 필요했다. 그래서 정한 이름이 '쫄지 마! 창업스쿨'이다. 물론 이런 '쫄지 마' 시리즈는 현재 플래텀에 연재했던 '쫄지 마! 인생'으로 계속 진화를 거듭하고 있고, 앞으로 또 다른 시리즈물이 나올 수도 있다.

자신감이 붙은 나는 다음 단계를 기획했다. 난 투자 분야의 전문가이고 창업 경험은 약하니 성공한 창업자와 힘을 합하면 제대로 된 창업스쿨의 커리큘럼이 나올 것 같았다. 그래서 접촉한 분이 스타트업 엑셀러레이터인 프라이머Primer의 이택경 대표님이다. 창업자 입장과 관련된 5주 강의와 투자자 입장과 관련된 5주 강의 등 총 10주 코스에 해당하는 커리큘럼을 임의로 작성해 보냈는데 이 대표님이 흔쾌히 함께해주기로 하셨다. 다만 방학 때 진행하는 프라이머의 프로그램이 있어 당장 시작하기는 어려우니 2월 중순부터 하자고 하신다. 더불어 강사진을 좀 더 확대해서 전문성을 강화했으면 좋겠다고 하셔서 린 스타트업 강의를 추가하기로 했다.

2013년 2월 중순까지는 비교적 시간적 여유가 있었다. 난 내 상품력을 한 번 더 테스트하고 싶었다. 그래서 내가 준비한 투자 관련 5주 커리큘럼을 1월 초 에브리클래스 플랫폼에 올려보았다. 본격적으로 시장에 내놓기 전에 다시 한 번 OBT^{Open Beta Test}를 해본 것이다. 결과는 성공적. 평균 35명 이상의 수강생이 참가했다. 이땐 강의당(2시간) 수강료를 2만 원으로 올렸음에도 많은 분들이 들어주셨다. 그때 느꼈다. 이런 창업수업에 다들 목말라 있었다는 것을.

프라이머와 '쫄투'가 함께하는 '쫄지 마! 창업스쿨'은 2013년 2월 중순에 총 10주 코스로 공식 오픈했고, 평균 50명의 수강생과 총 다섯 명의 강사가 참여하며 4월까지 잘 마무리되었다. 7월 15일부터는 시즌 1의 강의를 좀 더 압축시켜 8주 코스의 '쫄지 마! 창업스쿨' 시즌 2를 오픈했다.

2013년에 시즌 3까지 진행된 '쫄지 마! 창업스쿨'을 거쳐 지나간 예비 창업자 및 창업자는 총 1,500명에 달한다. 또 새로운 강사진을 보강하여 4월 초부터 총 9주간 진행한 2014년 시즌 1에는 주당 70명 이상의 예비 창업자들이 찾아왔다. 2014년 하반기에는 시즌 2가 진행될 예정인데, 이쯤 되니 자리를 완전히 잡아간다는 느낌이 든다. 제자 중에서는 스타트업 아이디어 경연대회인 스타트업 위크엔드^{Start up Weekend}에서 대상을 받거나 창업경진대회인 '슈퍼스타 V' 왕중왕전에서 금상을 거머쥔 친구 등 다수의 수상자들도 나왔다. 또 실제 창업을 해서 제자리를 잡아가는 친구, 쫄투에 출연해서 사업을 확장시키는 친구가 있는가 하면 시즌 1의 수업이 너무 좋다며 시즌 2를 다시 수강하는 이도 있었다. 심지어 어떤 학생은 강의를 통해 너무나 많은 것을 배우고 느껴서 창업 포기를 결심하기도 했다. 브라보! 어설픈 사람이 등 떠밀려 창업하는 것은 자신의 돈을 사회에 재분배하는 목적이 아니라면 관두는 편이 훨씬 좋다는 내 철학을 정확히 이해한 것이다. 이런 친구들이 있기에 나는 뿌듯하고, 더 큰 책임감도 느낀다.

　이런 얘기를 두서없이 펼치는 이유는 명확하다. 나는 창업스쿨에 내 인생의 전부를 걸지도 않았고 그것으로 돈을 벌려는 생각도 없다. 그럼에도 '쫄지 마! 창업스쿨'을 위해 치열하게 고민했고, 최소존속제품을 만들어 시장반응을 테스트했으며, 그 첫 작품이 행여 실패할까봐 내가 가진 모든 네트워크를 동원하여 작지만 의미 있는 성공을 위해 노력했다(앞서 이야기했듯 스타트업은 초기 목표를 낮게 잡고 반드시 그것을 달성하여 조직원 모두가 작은 성공의 기쁨을 공유하는 것이 사업 지속에 있어 매우 중요하다). 최소존속제품 테스트 후에는 본격적인 시장 진입에 앞서 나만의 테스트를 한 번 더 하면서 나의 시장성을 점검해보았다. 그리고 나서야 더 큰 시장, 더 큰 가치를 위해 나 혼자서가 아니라 같은 가치를 추구하는 동반자(프라이머 이택경 대표님)를 만나 협력하게 되었고, 서비스를 더 고도화시켜 시즌 2까지 연속성을 갖는 브랜드 제품을 만들었다.

　내가 이랬을진대 하물며 자신의 전부를 걸고 하는 스타트업의 경우라면 이런 과정들을 보다 더 철저히 이행해야 하는 것이 옳다. 그러나 현실이 반드시 그렇지만은 않은 듯해 꽤 많이 답답하다. 수억 원을 써가며 1년 혹은 2년째 골방에서 완성된 서비스 개발을 위해 노력한다고 해서 성공 확률이 높은 것은 절대 아니다. 그 제품이나 서비스가 나올 즈음의 시장은 아예 바뀌어 있거나, 원래부터 시장의 수요와 소비자의 취향을 무시한 제품을 만들 가능성이 크기 때문이다. 때문에 아주 작은 서비스라도 먼저 내놓은 다음 시장의 반응을 보며 개선해가는 것이 훨씬 효율적이다. 그리고 이것이 바로 린 스타트업 정신인 것이고.

더불어 우리나라 모든 스타트업이 '어머, 이 산이 아닌가봐. 야, 저 산으로 가자'라고 외치는 오류를 더 이상 범하지 않길 진심으로 바란다. 그러기엔 스타트업이 너무 여리기 때문에.

8 비즈니스 모델 캔버스와
_ 인생

월요일 아침, 집을 나서는데 와이프가 베란다에 있는 빵을 먹고 가란
다. 양재역 부근의 빵집에서 내가 투자한 모즈팩토리의 김일환 대표님
이 선물로 사준 슈크림빵. 커피 한 잔과 함께 빵을 먹고 산뜻하게 회사
로 출근했다. 그런데 아무래도 아침부터 너무 느끼한 것을 먹었는지 속
이 부글부글 끓는다. 그래서 양념장을 잔뜩 풀어 얼큰한 순댓국을 점심
으로 먹고, 다시 회사로 돌아와 생수를 한 모금 마시는데 아랫배에서
신호가 오기 시작한다.

화장실에서 일을 치르며 아이폰을 만지작거렸다. 뉴스도 보고 페이
스북도 뒤지다 보니 얼추 15분가량 지났다. 이제 비데로 뒤를 씻어야
할 차례다. 약간 미지근한 물줄기가 항문을 정통으로 맞추니 약간 움
찔하면서도 미세한 쾌감이 느껴진다. 순간 갑자기 '그래, 비즈니스 모델

캔버스와 우리의 인생을 나 나름대로 한 번 엮어보면 어떨까?' 하는 생각이 떠오른다.

왜 그 생각이 그 순간에 들었는지는 사실 잘 모르겠다. 글 쓸거리에 대한 고민은 평소에도 많이 하는 편이지만 이 주제는 평소의 고민과 다소 달랐기 때문이다. 그래도 똥구멍에 물줄기 맞으며 번뜩 든 생각이라 한번 써볼까 한다(나중에 안 사실이지만 비즈니스 모델 캔버스를 개인의 인생, 즉 커리어에 맞춘 책이 나와 있기는 했다. 더 자세한 내용은 『Business Model You』를 참고하면 된다).

비즈니스 모델은 어떤 가치value를 창출create하고, 전달deliver하며, 수확harvest해가는 것을 기본 원리로 한다. 여기에서의 가치란 경제적, 사회적, 문화적 가치 등을 말한다. 이런 비즈니스 모델을 시각적으로 이해하기 쉽게 도화지에 그려놓은 것이 바로 비즈니스 모델 캔버스(이하 'BM 캔버스')다.

그럼 왜 이런 BM 캔버스를 그려야 할까? 그 이유는 이것을 그려봄으로써 BM상의 각 부분 간 관계를 직접 눈으로 확인할 수 있고, BM상의 가설 및 가정과 위험요소들을 식별할 수 있게 되며, 사업계획의 타당성을 검증할 수 있고(시장규모, 유통망, 가격정책 등), 가치를 증대시키고 비용을 축소하는 방법을 알아가며, 결국 시장에서 창조적 파괴가 가능한 전략을 브레인스토밍brainstorming할 수 있기 때문이다. 이런 유용성 때문에 나도 창업 관련 수업 시에 BM 캔버스를 많이 활용하는 편이다.

자, 그런데 사업은 이런 캔버스도 그려가며 나름 치밀하게 분석하고 준비하는데 인생에 대해서 우리는 어떤 자세를 갖고 있는가? 우리의 삶 역시 세상에 어떤 가치를 제공해야 한다. 그것이 경제적인 것이든 사회적이든 문화적인 것이든, 사람이 세상에 나왔으면 응당 뭔가를 하나 남기고 가야 되지 않겠는가? 이런 가치는 자신의 존재 이유를 정확히 인식해야 알 수 있는 법이다. 즉, 왜 살아야 하는지를 이해해야 그 이유에 맞게 살게 되고, 그렇게 살게 되어야 뭔가 세상에 이로운 가치를 남겨도 남길 수 있는 것이다.

자신의 존재 이유에 대해 생각하고 고민하는 것은 BM으로 말하자면 세상의 문제점, 해결해야 될 고통pain point에 대한 기술 및 인식에 해당한다. 이것은 BM 캔버스의 시작이나 다름없다. 이런 문제점이나 고통을 보유한 층은 바로 고객customer이 되고, 고객을 인식해가는 과정은 고객 세분화cutomer segmentation의 과정에 해당한다.

세상에 존재하는 문제점에 대한 이해와 그 대상이 정해졌다면 우리는 그런 문제점과 아픔, 고통을 해결하기 위해 뭔가를 내놓아야 한다. 이 과정이 가치제안value proposition이다. BM식으로 풀어보면 '내가 왜 그 물건(혹은 서비스)를 써야 하지?'에 대해 답하는 과정인 것이고 이 과정을 거쳐야 비로소 구매로까지 이어지기에 이런 가치제안 과정은 BM에서 핵심 중의 핵심이라 할 수 있다. 인생도 마찬가지인 듯 싶다. '내가 왜 널 써야(고용해야) 하지?' '우리 사회가 왜 널 써야 하지?' '네가 사회에, 경제에, 국가에 어떤 가치를 줄 수 있지?'라는 질문에 답하는 것, 그것이 내가 이 사회에 존재하는 의미라 할 수 있기 때문이다.

이 가치제안은 실로 매우 중요하지만, 그렇다 해서 모든 이들이 창업을 통해 뭔가 새로운 것을 만들고, 기존의 서비스를 개선시키는 등의 일을 해야 한다는 얘기는 아니다. 사회에 가치 있는 일을 하기 위한 방법은 많다. 한 조직의 일원이 되어서 할 수도 있고 창업을 해서 할 수도 있다. 다만 내가 사회에 어떤 가치를 제공하겠다는 목적의식만은 잊지 말란 얘기다. 본인이 지닌 가치를 세상에 던지는 것, 이 과정이 BM 캔버스로 말하면 유통채널distribution channel 과정이다. 각 개인으로 치면 직장생활, 자영업, 창작활동, 창업 등이 그런 가치를 제공하는 수단(채널)이 되는 것이고.

그다음에는 본인이 해결하고자 하는 세상의 문제점을 끊임없이 연구하고, 네트워크를 유지하며 개발하는 '고객관계customer relationship' 단계로 넘어간다. BM 캔버스로 말하면 고객을 확보하고get, 유지하며keep, 성장시켜가는grow 단계에 해당된다. 우리도 자신이 목표로 삼은 가치 및 자신이 세상에 기여할 수 있는 부분을 향해 그런 기반을 지속적으로 확보하고 유지하며 성장시켜야 한다. 그러기 위해 과연 지금 이 순간 자신이 무엇을 하고 있는지 진지하게 고민해볼 필요가 있다.

이 단계까지만 거쳐도 먹고사는 문제는 해결될 것이다. 이런 비전을 가지고 그것을 위해 끊임없이 노력하며 살아온 이라면 어느 직장에서 일하고 무슨 사업을 하더라도 좀 더 성공에 가까이 가지 않을까? 이 단계가 수익구조revenue stream 단계다. 이렇듯 먹고사는 문제는 앞의 네 단계를 충실히 이행하면 저절로 해결되는 속성의 것이 아닐까 싶다.

이런 것들을 하기 위해 나는 어떤 자질을 갖추어야 할까? 이 질문에 대답하는 단계가 핵심자원key resources 단계다. 사업으로 치자면 '고객에게 가치를 전달하는 데 있어 어떤 인프라와 자원들이 필요한가?'를 기술하는 단계라 하겠다. 이 단계에는 물리적 공간, 자금, 인적자원, 지적재산권 등이 포함되는데, 인생으로 치면 이 단계는 세상의 문제를 해결하고 가치를 제공하는 데 있어 내가 갖춰야 할 자질이 무엇인지를 고민하는 단계에 해당한다. 나는 벤처투자를 하기 위해 경제학과 경영학을 공부했고, 일찍이 벤처캐피털에 입문해서 전문지식을 쌓았으며, 무엇보다 원활한 인간관계를 위해 다양한 사람들을 만나며 커뮤니케이션 능력도 배양시켰다. 그리고 지금도 계속 새로운 IT 트렌드를 익히며 공부하고 노력하고 있다. 과연 당신은 어떤가? 자금, 네트워크 또는 그 외 어떤 핵심자원을 내재화했는가?

그래도 잊지 말아야 할 것은 선택과 집중이다. 사업을 할 때에도 마찬가지라서 여러 다양한 기업활동 중에는 그 기업의 핵심과 관련한 핵심활동이 있기 마련이다. 컴퓨터 제조사 델Dell이라면 공급망관리supply chain management에 자사의 모든 역량을 집중할 것이고, 컨설팅회사 맥킨지Mckinsey라면 소속 컨설턴트들로 하여금 동질한 수준의 컨설팅(문제해결) 능력을 배양하게 하는 것이 핵심활동이 될 것이며, 아마존이라면 고객만족에 모든 기업역량을 모을 것이다. 그래도 나는 벤처투자 및 스타트업 생태계에서 뜻한 바가 있기에 스타트업 토크쇼인 '쫄투'와 스타트업 창업교육 '쫄지 마! 창업스쿨'을 진행하고, 글로도 알리기 위해 '쫄지 마! 인생'을 쓰고 있다. 이것이 바로 나의 핵심활동이다. 당신의 핵심활동은 무엇인가? 그리고 당신은 그 활동을 진심으로 사랑하며 행하고 있는가?

사업도 인생도 홀로 할 수 없다. 그래서 파트너들이 필요하다. BM 캔버스상에서는 핵심파트너key partner 영역이 이에 해당한다. 사업도 공급자, 제휴처, 유통회사, 투자자 등 다양한 상대방이 존재하고 그들과 두루 원만한 관계를 유지해야 한다. 때론 파트너의 역량을 극대화시켜 본 사업의 역량까지 제고시킬 필요가 있다. 인생도 마찬가지라서, 혼자 하면 한 걸음만 갈 수 있지만 여럿이 함께하면 더 멀리 그 길을 갈 수 있음을 항상 명심해야 한다. 인생의 목표를 향해 달려가는 것에서도 타인과 함께해야 외롭지 않고, 격려도 받으며, 무엇보다 재미있게 갈 수 있지 않겠는가? 그런 인생의 파트너들은 다양한 분야에 두되 깊은 관계까지 쌓을 수 있어야 한다. 이것은 나 역시 항상 고민하고 또 좀 더 발전시키고자 노력하는 부분이다.

이제 BM 캔버스의 마지막 단계인, 경쟁우위를 지속시키는 데 필요한 비용구조cost structure 단계로 넘어간다. 비용구조 측면에서 사업을 바라보면 원가위주cost driven BM과 가치위주value driven BM으로 구분된다. 인터넷 쇼핑몰, 항공업계, 제조업체 등 원가위주 사업을 영위하는 업종이라면 비용축소를 위해 지속적으로 노력할 것이고 고급호텔, 명품, 플랫폼 비즈니스 등 가치위주의 사업을 영위하는 업종은 더 큰 가치, 더 나은 서비스를 위해 끊임없이 애쓸 것이다. 자신의 인생은 어떤 비용구조를 가지고 있는지 한번 고민해보자. 밑 빠진 독에 물 붓기 식으로 항상 비용을 줄이며 각박하게 살 것인가, 아니면 더 큰 가치를 얘기하며 높은 수익률을 유지하는 비용구조로 살 것인가? 어떤 업종에서 혹은 어떤 회사에서 일할 것인가? 아니면 창업의 길을 택할 것인가? 선택은 당신의 몫이다.

BM 캔버스로 인생을 풀어보니 어떤가? 비록 비데 위에 앉아 즉흥적으로 떠오른 주제이긴 했지만 그래도 뭔가 남는 것이 있지 않은가? 그럼 됐다. 뭐, 나 역시 세상에 해악보다 가치를 조금 보탰다면 보람이니.

이제 하얀 도화지를 한 장 꺼내서 자기 인생을 그려보자. 각 단계에 맞춰서 말이다. 그리고 그 도화지에 그려진 계획을 지속적으로 수정해 나가다 보면 좀 더 의미 있는 인생이 되지 않을까?

9 스타트업, 어떻게 마케팅할 것인가?

'부재不在는 혁신革新을 부른다.'

아마존의 창업자 제프 베조스의 말이다. 맞는 말이다. 인력, 시간, 자금 등이 부재해서 궁핍한 상황은 결국 그 상황을 벗어나는 데 필요한 새로운 방법을 시도하게 하는 유인誘因이 되기 때문이다. 그렇기에 '돈이 없어서 마케팅을 못 한다'라는 스타트업의 말은 그저 핑계에 불과하다고 생각한다.

특허 소송의 역사만 살펴봐도 특허를 공격한 측은 쇠락의 길을, 공격을 받은 측은 성장의 길을 걸었음을 알 수 있다. 2007년 애플의 아이폰이 처음 세상에 나왔을 때 노키아Nokia는 기존 R&D로 축적된 스마트폰 특허를 활용, 애플을 공격하여 결국 재판에서 이겼지만 지금은 저가로 마이크로소프트에 팔린 몸이 되었다. 2010년 삼성의 갤럭시 시리즈가 처음 나왔을 때 역시 스마트폰의 강자 애플은 삼성에 특허 소송을 제기했고 결국 승소 판결을 일구어냈다. 노키아와의 특허 소송에서 이긴 강자 애플이 다시 약자를 공격한 것이다. 그렇지만 그 공격을 받은 삼성은 절치부심하고 연구개발에 매진하여 스마트폰 판매량에서 애플을 추월하는 세계 최고의 스마트폰 제조사가 되었다.

묘하다. 혁신은 오히려 특허 공격을 받은 측에서 일어났으니까. 특허 공격을 받은 기업은 공격 기업의 특허에서 벗어나고자 얼마나 많은 노력을 했겠는가. 그런 노력의 결과가 혁신으로 나타나고, 그런 혁신이 쌓여 소비자들의 마음을 이끈 것이다. 약간 빗나간 얘기지만 특허라는 것 자체는 방어용이기 때문에 그 용도를 벗어나 공격용으로 사용되면 외려 그때부터 기업의 혁신이 쇠락의 길로 접어드는 것은 아닐까 싶다. 정확한 인과관계를 설명하긴 어렵지만 혁신innovation의 역사를 통해서도 우리는 많은 것을 배울 수 있다. 디지털카메라를 개발하고 다수의 특허를 가지고 있는 코닥Kodak이 특허 소송에선 이겼지만 결국 쇠락의 길을 걸었던 것처럼.

그러니 스타트업은 제품을 홍보/마케팅할 인적, 물적 자원이 자신들에게 없다거나 네이버 혹은 카카오 때문에 할 것이 없다고 투덜댈 것이 아니라, 자원이 부족할수록 혁신을 만들어갈 가능성이 높다고 믿고 스타트업만의 속도감 있고 기발한 마케팅 방안을 모색해야 한다.

내가 좋아하는 배달 앱 '배달의민족'을 만든 '우아한형제들'의 김봉진 대표도 부재에서 혁신을 만든 대표적인 경우에 해당된다. 커피믹스까지도 남의 사무실에서 빌려야 했던 창업 초기 시절, 그는 앱 마케팅에 쓸 예산을 걱정한 것이 아니라 어떻게 하면 효과적으로 고객들을 모으고 그들을 열광하는 팬으로 만들 수 있을지를 고민했다. 그 결과로 나온 것이 '넉가래(눈 푸는 삽)' 경품 이벤트였다. 그 무렵에는 눈도 많이 와서 시기상으로도 적절했을 뿐 아니라 스타트업에서 넉가래를 경품으로 내건 사례는 일찍이 없었기에 '재미'의 요소도 충분했다. 이 이벤트에 기존 고객들은 열광했고, 신규 고객들도 무수히 많이 참가했다. 경품에 당첨된 사람들이 너무나 기뻐했음은 물론이다. 그런데 경품 당첨자들에게 넉가래를 보내주겠다고 하니 정작 그들은 수령을 거부했다고 한다. 즉, 그들은 배달의민족식 이벤트 아이디어 자체에 열광한 것이지 실제 경품은 안중에도 없었던 것이고, 결과적으로 김봉진 대표는 돈 한 푼 안 들이고 고객들에게 자사의 앱을 강렬하게 각인시킨 이벤트를 한 셈이 되었다.

그의 또 다른 사례를 살펴보자. 김 대표는 걸그룹 소녀시대의 얼굴이 인쇄된 한 에너지 드링크를 경품으로 내걸었다고 한다. 멤버 아홉 명의 얼굴이 각각 들어 있는 아홉 병의 '비타500'을 모아서 선물로 주는 이벤트였다. 실제로 '비타500'으로 소녀시대 아홉 명의 이미지를 다 모으기는 무척 어려웠기 때문에 전 직원이 전국의 편의점을 모두 뒤져 아홉 개를 맞춰놓았다고 한다. 소녀시대 팬클럽에서는 난리가 났고, 그것을 받은 사람들이 더 열광했음은 안 봐도 알 수 있다. 이 두 사례야말로 부재가 혁신을 부른 멋진 예라 할 수 있다.

그렇다면 고객을 확보하고 모으는 데 있어 제일 중요한 것은 무엇일까? 물론 고객들의 문제와 고통을 잘 찾아서 그것을 해결할 수 있는 정확한 해결책(제품 또는 서비스)을 제공하는 것이겠지만, 그런 제품이나 서비스가 있다는 전제하에서 중요한 것은 제품 사이클상 초기 고객의 2.5%에 해당되는 혁신가innovator를 빨리 확보하는 것이다. 혁신가들은 통상 품질 때문에 그 제품을 먼저 구매하는 자들이 아니라 먼저 사고 쓰는 것이 의미가 있다고 느끼는 사람들이다. 자기만족이 아주 큰 사람들인 것이다.

신념을 구매하려는 혁신가들을 초기 고객으로 확보하려면 어떻게 해야 할까? 사이먼 사이넥은 이에 대해 명쾌하게 답한다. 혁신가들은 제품이라는 물건what이 아닌, 그것을 사야 될 이유why에 의해 움직인다고. 그들에게 있어 제품을 구매해야 하는 이유는 일종의 신념belief과도 같은 것이다. 애플의 아이폰이 처음 세상에 나왔을 때 애플 마니아들이 밤새 줄을 서서 기다려가면서 그것을 먼저 사려 했던 이유는 아이폰의 첫 사용자가 되기 위해서였다. 그들을 그렇게 움직이게 만든 애플의 비결은 아주 단순하다. 스티브 잡스는 스마트폰이 스마트폰처럼 쓰이길 고민했다. 다시 말해 당시의 스마트폰은 충분히 스마트하지 않았고 사용하기에도 어려운 측면이 있었기에 그런 고민을 해결해주고자 했고, 그래서 만들어낸 것이 엔터테인먼트가 가능한 아이팟과 인터넷, 전화가 결합된 아이폰이었다. 사용자 편의성이 극대화된 스마트폰을 기다려왔던 고객들은 자신들을 진정으로 생각해주며 고민을 해결해주려 한 스티브잡스가 고맙게 느껴졌기에 아직 검증되지도 않은 아이폰을 초기에 기꺼이 구매한 것이다.

굳이 사이먼 사이넥이 얘기한 골든 서클golden circle을 언급하지 않더라도 사람들은 목적이나 대상보다는 자신의 신념에 따라 움직인다. 즉, 변화에서는 내적 동인이 우위를 차지한다는 뜻이다. 그러므로 마케팅 역시 그러한 내적 동인부터 시작해야 고객을 팬으로 만들 수 있고, 그렇게 혁신가들과 초기 수용자early adopter를 흡수해야 거대 시장에 진출하는 데 필요한 발판을 마련할 수 있다.

애플이 해결하고자 했던 스마트폰의 문제점을 동일하게 느낀 첫 고객들은 그보다 훨씬 더 뛰어난 제품이 나오기 전까지 애플의 충성고객이 될 수밖에 없다. 그렇지만 신념을 흡수했다고 해서 모든 문제가 해결되는 것은 아니다. 기본적으로는 제품이나 서비스의 질적 수준이 높게 유지되어야 한다. 스타트업 중에는 자신의 제품이나 서비스가 마케팅을 잘 못해서 실패했다고 착각하는 이들이 많다. 물론 그런 가능성이 조금 있긴 하지만 그것이 전부는 아니다. 마케팅으로 제품을 알렸다고 해도 그다음에는 제품의 힘으로 시장을 넓혀가야 하는데, 그러려면 제품이나 서비스 본연의 경쟁력에 집중해야 한다.

예전에 '쫄투'에 출연했던 재능거래 마켓 플레이스 '크몽'의 경우가 이에 딱 맞는 사례일 듯 싶다. 크몽의 박현호 대표는 두 번의 사업 실패로 고향인 지리산에 칩거하며 1년 반 동안 재능거래 관련 플랫폼 사업을 준비했다. 혼자 개발해야 했기에 어려움이 많았지만 사용자 입장에서 쉽게 재능을 찾고, 구매를 결정하고, 취소 및 환불을 하는 과정도 신경을 써서 정교하게 만들었다고 한다. 비록 디자이너도 채용하지 못하는 환경이었지만 말이다. 남들 눈에는 수준 낮아 보일 수도 있는 웹사이트였지만 그래도 일단 사용해본 고객들의 만족도는 높은 편이었다.

그러던 중 그에게도 기회가 왔다. 신문 사회면에 '재능거래 사이트들이 재능거래란 명목하에 성(性)적 거래로 그 용도가 변질되고 있다'는 기사가 뜨면서 크몽이 제일 먼저 거론되었는데, 그 기사를 본 남성들이 혹시나 하는 기대감으로 접속하는 바람에 크몽 사이트의 접속량이 한때 폭주한 것이다. 하지만 개발자 출신이 만든 크몽 사이트에는 그런 내용이 전혀 없었고(필터링도 신경을 많이 썼다고 한다) 그 대신 5,000원이라는 아주 싼 가격에 살 수 있는 다양한 '꺼리들(명함 제작, 로고 디자인, 보도자료 작성 등)'이 존재하고 있었다. 혹시나 했던 고객 중 일부는 재미삼아 그 서비스들을 구매했는데 그것이 곧 고객 기반의 확대로 이어졌고, 그것을 바탕으로 크몽은 최근 들어 월간 재능거래가 1억 원대를 넘는 마켓 플레이스로 성장했다.

자원이 한정적이라 마케팅할 방법이 없다고 변명하지 마라. 그보다는 기발한 마케팅 방법을 고안해내지 못한 자신의 열정을 탓하는 것이 스타트업 발전을 위해 낫다. 자신이 만든 고귀한 제품이나 서비스를 세상에 알리지 못하고 죽는 것처럼 나쁜 일은 없다. 수백 개의 걸그룹 중에서 일베의 논란을 딛고 자신을 알린 크레용팝처럼, 또 고포류(고스톱·포커류)란 비난을 받으면서도 게임회사로 굳건히 자리 잡은 2000년대의 한 게임처럼, 중요한 것은 일단 제품을 알리고 쓰게 만드는 것이다. 제일 무서운 것은 고객의 무관심이고, 악평은 그나마 악평할 만한 애정이 있으니 하는 것임을 스타트업은 명심했으면 한다.

자신의 자식과도 같은 제품이나 서비스를 고객들에게 선보이지도 못하고 사라지게 하는 것은 너무 슬픈 일 아닌가? 연약한 스타트업에겐 더욱 더.

10 스타트업 기업가치
___ 협상의 함정

2012년 2월, 한 스타트업에 대한 투자협상이 거의 마무리 단계에 들어갔다. 세 달 가까이 걸린 투자심사 과정을 통해 '투자해도 될 것 같다'라는 내부 합의가 도출된 것이다. 마지막 심사보고서를 앞두고 그동안 얘기했던 회사의 기업가치value와 최종 투자주식 수를 확정하는 절차만 남겨두었다. 그래서 엑셀로 투자주식 수, 투자단가, 투자 후 지분율 등을 정리한 표를 만들어 보냈다. 그러자 바로 그 스타트업 대표로부터 전화가 걸려 왔다.

"이 대표님! 자료 잘 받았습니다. 그런데 우리가 얘기했던 밸류가 프리 20억 아니었나요?"

"아니죠, 포스트 20억이었습니다. 우리가 5억 투자하니 25%의 지분을 갖게 되고요."

"전 프리로 20억(포스트 25억)이라 20%의 지분이 나가는 것으로 알고 있었습니다. 지분이 5%나 차이 나네요."

"그냥 포스트 20억 원으로 하시죠? 우리 심사보고서도 거의 다 되어 가고, 내부에서도 당연히 포스트로 알고 있어서 본사에도 그렇게 보고 했거든요."

"아······. 그럼 잠시 생각할 시간 좀 주십시오."

"네. 그럼 이번 주 중으로 답 주십시오."

그리고 그다음 날 아침 일찍 전화가 왔다.

"이 대표님, 그냥 포스트 20억으로 가겠습니다. 이제 와서 다른 벤처 캐피털을 만나 시간 끌기도 그렇고, 지금 돈도 필요하니까요."

"아, 네. 감사합니다. 그럼 포스트 20억 원으로 진행하겠습니다."

벤처캐피털에선 이런 일이 비일비재한데, 때로는 이것이 밸류에이션 valuation의 함정일 수도 있다. 이런 함정에 빠지지 않기 위해서라도 스타트업은 기업가치와 밸류에이션의 의미를 명확히 알고 있어야 한다.

먼저 기업가치부터 알아보자. 기업의 주인은 누구인가? 바로 주주다. 그러니 어떤 기업을 100% 소유하려면 주주로부터 주식(지분)을 100% 매수하면 된다. 그래서 기업가치equity value라는 용어는 '기업이 발행한 주식을 100%를 주주로부터 사들이는 가격'을 일컫는 경우가 많다. 이 개념은 곧 시가총액market capitalization 개념과 같은데 총 주식 수에 주식가격을 곱하여 계산한다.

밸류에이션은 기업가치를 화폐적인 수치로 계산하는 과정인데, 스타트업 입장에서 밸류에이션은 현명한 투자유치를 위한 첫 단계로 회사의 가치를 처음으로 타인에게 평가받아보는 과정이다. 아주 쉬운 용어로 다시 얘기하자면 회사의 피(?) 같은 지분(주식)을 나눠주기 위한 수식화 절차라 할 수 있다. 통상 이런 밸류에이션 과정은 상당히 주관적이어서 그 입장(투자를 유치하려는 자, 투자를 하려는 자)에 따라 밸류 격차가 많이 생길 수밖에 없는데, 이런 격차를 줄이는 과정이 기업가치 협상이다. 즉, 기업가치 협상이란 스타트업이 주장하고픈 기대치value와 벤처캐피털이 바라보는 적절한 시장거래가price 사이의 끊임없는 협상 과정인 것이다.

기업가치는 대개 기업의 재무를 추정하고, 그것을 현재가치로 할인한 뒤 그것에 PER나 EV/EBITDA 등의 각종 밸류에이션 기법을 적용하여 계산된다. 하지만 이제 갓 설립된 스타트업에게는 이런 복잡한 계산이 적용되지 않는 경우가 꽤 있다. 설립한 지 3년 이내의, 그리고 그저 아이템이나 아이디어만 갖고 있으며 팀 빌딩을 막 마친 스타트업의 기업가치는 재무적인 계산이 아니라 그냥 투자자와의 협상을 통해 결정되는 경우가 많기 때문이다. 1억 원 이내의 금액이 투자되는 시드나 엔젤 라운드에선 통상 10억 원 이내에서 협상을 통해 기업가치가 결정되고, 3억~10억 원 이내의 투자를 유치하는 시리즈 A(Series A, 벤처캐피털로부터 최초의 투자를 유치하는 것)에서의 기업가치는 50억 원 이내에서 투자자와의 협상을 통해 정해진다. 협상이 중요한 이유는 이 때문이다.

기업가치에 대한 협상은 투자검토 초기에 이루어지는데, 통상적으로 벤처캐피털은 프리 밸류(pre-money value, 투자 전 기업가치)인지 포스트 밸류(post-money value, 투자 후 기업가치)인지 정확히 밝히지 않는 경향이 있다. 그런 상태에서 2~3개월에 걸쳐 투자검토를 진행하다가 마지막 최종 투자심의위원회(투심위)를 앞둔 시점에서 포스트 밸류로 하자고 우기기도(?) 한다. 이렇게 벤처캐피털이 우기면 스타트업 입장에선 그것을 뒤집기가 쉽지 않다. 왜냐하면 새로운 벤처캐피털을 만나서 다시 투자협상을 진행하기에는 이미 지쳐버렸고, 돈 없이 버틸 체력 역시 바닥을 드러내는 타이밍이기 때문이다.

벤처캐피털이 '5억 원을 20억 원의 기업가치로 투자한다'라고 했다면 그 말은 일반적으로 포스트 밸류 20억 원에 투자하겠다는 것을 의미한다. 이렇게 5억 원을 투자하면 벤처캐피털은 총 25%(5억/20억)의 지분을 갖게 된다. 그런데 창업자가 그 말을 프리 밸류 20억 원에 5억 원을 투자받는 것으로 잘못 이해했다면, 이럴 때 포스트 밸류는 25억 원이 되고 벤처캐피털에겐 20%(5억/25억)의 지분을 주는 것으로 여기게 된다. 반면 벤처캐피털은 25%의 지분을 취득하는 것으로 알고 있을 것이다. 즉, 프리 밸류와 포스트 밸류를 혼동하는 순간 창업자는 5%의 지분을 잃을 수 있다는 뜻이다.

이처럼 표면적으로는 같은 기업가치를 얘기하고 있지만 벤처캐피털은 포스트 밸류를, 창업자는 프리 밸류를 마음속에 둘 수 있기 때문에 창업자들은 기업가치 협상 시 프리 밸류와 포스트 밸류가 각각 얼마인지를 명확히 해둘 필요가 있다. 아래의 예를 통해 A사의 밸류에이션 계산이 프리 밸류일 때와 포스트 밸류일 때 어떻게 달라지는지 살펴보자. 이때 '투자 후 기업가치=투자 전 기업가치+투자금액'임을 기억해두면 이해에 도움이 될 것이다.

A사의 개요

현재 발행주식 수: 2,000주

액면가: 5,000원

자본금: 1,000만 원(주식 수×액면가)

투자금액: 5억 원

1_투자 전 기업가치 15억 원의 경우 (투자 후 기업가치 20억 원)

1주당 발행가격: 75만 원(15억 원/2,000주)

투자자 배당주식 수: 667주(5억 원/75만 원)

투자 후 총 주식 수: 2,667주

투자자 지분율: 25%(5억 원/20억 원)

2_투자 전 기업가치 20억 원의 경우(투자 후 기업가치 25억 원)

1주당 발행가격: 100만 원(20억 원/2,000주)

투자자 배당주식 수: 500주(5억 원/100만 원)

투자 후 총 주식 수: 2,500주

투자자 지분율: 20%(5억 원/25억 원)

그렇다면 벤처캐피털은 왜 투자협상 시에 포스트 밸류를 주로 사용하는 것일까?

첫째, 우선은 그 편이 알기 쉽기 때문이다. 투자금액을 포스트 밸류로 나누면 바로 벤처캐피털의 지분율이 계산된다. 10억 원을 100억 원의 포스트 밸류에 투자한다면 벤처캐피털은 10%(10억/100억)의 지분을 갖게 되니 이 얼마나 간단한가?

둘째, 한 벤처캐피털이 어느 스타트업에 10억 원을 투자하기로 했는데 그 업체에 매력을 느낀 다른 벤처캐피털 역시 10억 원을 추가로 투자하겠다고 나온다면, 포스트 밸류로 투자협상을 해둔 벤처캐피털의 지분율은 10%로 고정되지만 실제 투자단가는 프리 밸류 90억 원에서 80억 원으로 줄어들어 가격이 11% 인하되는 효과가 있기 때문이다.

셋째, 혹여 프리 밸류와 포스트 밸류를 혼동하는 스타트업이 있다면 그 점을 이용해서 밸류를 깎을 수 있기 때문이다. 이상의 이유로 벤처캐피털은 포스트 밸류를 절대적으로 선호한다.

다시 한 번 정리해보자. 애초에 프리 밸류 90억 원으로 10억 원의 투자금을 유치하기로 했다면 그 기업은 처음 들어온 벤처캐피털에게 10%(10억/100억)의 지분만 주면 된다. 그런데 다른 벤처캐피털도 추가로 10억 원을 투자한다고 한다면 프리 밸류 90억 원에 20억 원(각 10억 원씩)의 투자금이 들어오고, 최종적으로 그 기업이 투자자에게 제공하는 지분은 18.18%(20억/110억)가 된다. 즉, 각 벤처캐피털당 10%씩 나갈 뻔했던 지분율이 그보다 0.9%P 줄어든 9.1%로 낮아지기 때문에 자금을 유치하는 기업의 입장에선 투자기업 가치를 올리는 효과가 있는 것이다.

이것이 프리 밸류와 포스트 밸류의 밸류에이션 함정이다. 투자 전 기업가치, 즉 프리 밸류는 투자금액이 늘어나든 줄어들든 변동되지 않는 불변의 가격이다. 이에 반해 포스트 밸류는 그 계산식이 프리 밸류에 투자금액을 더한 개념(post-money = pre-money + 투자금액)이기 때문에 투자자가 늘어나 투자금액이 커질수록 기업가치는 하락하는 효과가 있다. 물론 반대로 투자금액이 줄어들어 프리 밸류가 올라가는 효과가 있을 수도 있지만, 현실에선 이런 현상이 거의 나타나지 않는다. 왜냐하면 스타트업 입장에선 애초 계획했던 자금보다 적게 들어오는 것이므로 자금 스케줄에 차질이 발생할 수 있기 때문이다. 그 반대로 투자자가 더 들어온다고 하는데 투자하지 말라고 막을 수 있는 스타트업도 드물기 때문에 포스트 밸류로 투자유치 협상을 하는 것은 무조건 스타트업 입장에서 불리할 수밖에 없다.

그럼 스타트업은 어떻게 해야 하는가? 단순하다. 무조건 프리 밸류로 투자협상을 하면 된다. 혹 벤처캐피털이 혼동할 수 있기 때문에 '프리 밸류가 얼마이고 투자금액이 얼마이니 포스트 밸류로는 얼마가 된다'라고 분명히 확인해둘 필요가 있다.

프리/포스트 밸류 함정을 이용하는 벤처캐피털이 양아치(?) 같아 보일 수도 있겠다. 하지만 이런 협상법은 스타트업의 메카인 실리콘밸리에서도 별 차이가 없는 듯하니, 이 또한 기업가치를 깎기 위한 벤처캐피털의 능글능글한 협상법 중 하나로 봐줄 수 있겠다.

이것에 한 가지를 더 추가하자면 우수한 인력에게 제공하는 스톡옵션 역시 기업가치에 포함되기도 한다. 벤처캐피털들은 종종 스톡옵션이 부여된 주식 수를 모두 발행한 것으로 가정하여 그 포스트 밸류로 가치를 정하자고 하는데 이 또한 주의해야 한다. 통상 전체 스톡옵션은 총 발행주식 수의 10% 정도인데, 스톡옵션 10%를 추가하여 기업가치를 산정하면(완전희석기준, full dilution basis) 프리 밸류는 10% 인하되는 효과가 있다. 그렇기 때문에 창업자는 완전희석기준으로 프리밸류 얼마에 투자금이 얼마면 지분율이 얼마가 되고, 희석 전의 지분율은 얼마라고 명확하게 해둘 필요가 있다. 그게 아니라면 '스톡옵션은 회사가치 산정 시 제외하자'라고 주장하거나.

그런데 아무래도 나 이런 글 쓰고 벤처캐피털 선후배로부터 돌팔매 맞는 것은 아닐지 모르겠다. 벤처캐피털이 드러내기 꺼리는 치부 중 하나일 텐데……. 그런 의미에서 나부터라도 기업가치 협상 시 혼동이 안 생기도록 더 노력해야겠다.

기업가치 협상 시의 유의사항

- 창업자는 높게, 투자자는 낮게 하려 한다.

- 협상에 정답은 없다. 다만 끈질긴 과정만 있을 뿐이다.

- 기업실적이 나빠지면 이전에 높게 받은 기업가치가 후속투자 유치 시에 독이 되는 경우도 있다.

- 기업가치를 높게 부르면 투자자는 가격재조정(re-fixing)을 요구한다는 사실을 잊지 말자.

- 기업가치 협상에 너무 시간을 끌다 보면 투자를 날릴 수도 있다.

- 충분히 매력적인 기업이라면 작은 기업가치 차이로 투자를 포기하는 투자자는 없다는 점을 기억하자.

11 스타트업의
__ 투자유치법

   스타트업의 투자유치는 창업할 때 이미 정해져 있는 것이나 다름없다. 어찌 보면 그것은 창업자가 창업 전까지 살아온 인생에 따라 좌우되기 때문이다. 초장부터 초 치는 소리 한다고? 그럼 왜 이런 말을 하는지 차근차근 한번 살펴보자.

   먼저 투자유치가 어떤 의미를 갖는지 알아볼 필요가 있다. 투자유치는 흔히 돈을 받는 대신 뭔가를 그 반대급부로 주는 것을 뜻한다. 돈을 빌릴 경우에는 추후 원금에 이자를 더 얹어서 주면 되고, 투자를 받을 경우에는 그에 대한 대가로 지분을 주면 된다. 전자의 경우에는 비교적 단기간에 자금조달이 가능하고 지분을 지킬 수 있다는 장점이 있는 반면, 상환이 불가능할 경우에는 신용도 하락(파산) 및 심할 경우 경영권까지 송두리째 빼앗길 수 있는 위험이 있다. 투자를 받는다면 차입에 따른 위험도 없을 뿐 아니라 경험 많은 엔젤 혹은 명망 있는 벤처캐피털을 만날 경우 금전 이상의 큰 도움을 받을 수 있다는 장점이 있다.

당연하지만 그렇다 해서 투자유치에 장점만 있는 것은 아니다. 비교적 장시간이 소요되고, 새로 들어온 주주가 모두 정상적인 사람들인 것은 아니라서 경영에 사사건건 간섭하거나 심한 경우에는 자금부족 및 추가투자를 이유로 경영권까지 강탈하는 사람도 있다. 무엇보다 잊지 말아야 할 것은 초기에 투자유치를 많이 하면 할수록 피 같은 자신의 지분이 더 많이 투자자에게 이양된다는 점이다. 그렇기 때문에 초기에 벤처캐피털로부터 많은 투자를 받았다는 것이 절대로 자랑할 만한 일은 될 수 없다. 회사가 좀 더 성장해서 고객을 확보하고 매출을 발생시키는 중이라면 좀 더 높은 회사가치로 투자를 받을 수 있기 때문이다. 다시 말해 적은 지분으로 많은 금액의 투자를 유치할 수 있기 때문에 초기 투자금액의 규모는 가급적 줄이는 것이 좋다.

이제 회사(법인) 설립 단계부터의 투자유치를 살펴보자. 요즘엔 1만 원짜리 주식회사도 있는 것을 보면 확실히 예전보다 창업자의 자금은 많이 들어가지 않는 것이 사실이다. 그렇다 하더라도 초기 창업자금은 창업자 본인이 마련해야 한다. 창업자의 주머니에서 나오는 돈을 소위 '피땀돈sweat money'이라고 하는데, 본인이 피땀 흘려 번 돈이기 때문에 아껴서 써야 한다는 뜻에서 그렇게 불리는 것 같다.

그럼 초기의 '피땀돈'은 얼마 정도가 적당할까? 이는 창업자가 하려는 사업의 규모에 따라 다르다. 모바일 서비스나 모바일 게임사업 같은 경우에는 자기 돈이 조금 덜 들어가도 되지만 반도체 칩이나 하드웨어 장비, 또는 대규모 온라인 게임사업을 하고자 한다면 자기 돈도 꽤 많이 들어갈 것이다. 그런데 이렇게 자본 소요가 많은 사업을 하면서 자기 돈을 500만 원 또는 1,000만 원만 넣는다면 사업의 진정성이 의심받을 수 있다. 창업자의 돈은 곧 그 사업에 대한 창업자의 헌신도 commitment를 대변할 수 있기 때문이다.

창업자가 자기 돈으로 법인을 설립했다고 치자. 그런데 그 돈으로 기본적인 기능이 구현된 제품/서비스, 즉 최소존속제품을 구축하기는 어려워서 추가로 자금이 필요하다면 엔젤이나 엑셀러레이터를 찾기 전에 가까운 가족이나 친구로부터 자금을 유치할 수 있다. 이런 돈은 자금 유치가 아니라 그냥 사랑으로 받는 돈이다. 그런 의미에서 '사랑의 돈 love money'라고 불리는 것인지도 모르겠다.

이런 자금을 '사랑의 돈'이라 일컫는 이유는 이 돈이 온전히 사업성이나 수익성 때문에 투자되는 것이 아니기 때문이다. 가족이나 친구 등 '사랑의 돈'을 주는 이들은 그간 창업자와의 인간관계를 통해 쌓은 신뢰를 기반으로 그 돈을 그냥 믿고 맡기는(주는) 것이다. 그렇기에 이들로부터 투자를 받을 때 반드시 두 가지만은 다짐을 받아야 한다. 첫째는 '그냥 로또 산 것으로 생각할 것', 둘째는 '앞으로 친구 또는 가족 모임에서 자주 만날 텐데 그래도 회사 상황은 절대 물어보지 말 것'이다. 이런 두 가지 다짐이 필요한 이유는 이것이 혹여 사업이 망하더라도 친구나 가족관계를 지킬 수 있는 최소한의 조치이기 때문이다. 하지만 이 단계에서 너무 많은 자금을 유치하여 친구나 가족에게 부담을 주는 것은 좋지 않다. 최악의 경우 친구 또는 친인척관계가 영원히 단절될 위험이 있으니 말이다.

자기 돈도 내고 친구나 가족으로부터도 자금을 유치했음에도 자금상의 문제로 최소존속제품 출시가 어렵거나 경영상 멘토의 도움이 필요할 경우에는 엔젤이나 엑셀러레이터의 도움을 받게 된다. 이 단계의 자금부터는 투자자의 전문성이 가미되며 비교적 장시간 기다려줄 수 있는 자금의 성격을 갖는다. 그런 의미에서 이 단계의 자금을 '인내자금 patient money'이라 하는지도 모르겠다(가끔은 투자유치 관련 강의 시 이 부분에서 '환자의 돈'이라는 농담을 던지곤 하는데 그때마다 두세 명밖에 웃지 않아 썰렁해졌던 기억이 떠오른다). 어쨌든 이 단계에서 자금을 유치할 때에도 몇 가지 유의사항이 있다.

첫째, 각 엔젤이나 엑셀러레이터별 특성을 정확히 이해해야 한다. 엔젤이든 엑셀러레이터든 투자자는 자신의 과거 경력이나 투자이력에 맞는 스타트업을 선호하기 마련이다. 가령 모바일/인터넷 서비스에 주로 투자해온(아니면 그 분야에서 회수 경험이 있는 성공한 창업자인) 엑셀러레이터에게 하드웨어 장비사업으로 투자를 이야기하며 접근한다면 유치 가능성은 아무래도 떨어질 수밖에 없다.

둘째, 명확한 마일스톤(이정표)을 제시해야 한다. 이들의 투자지원은 주로 최소한의 서비스 또는 최소한의 사업모델이 구현되는 수준까지 성장을 가속화시키는 역할을 하기 때문에 그 수준에 맞는 적절한 이정표(출시시기, 앱 다운로드 수, 트래픽 수준 등)를 보여주는 것이 좋다.

셋째, 낮은 비용수준low burn-rate으로 초기 서비스를 구현할 수 있다는 것을 보여줘야 한다. 그래야 설령 첫 서비스에 실패한다고 해도 다음 서비스까지 버틸 체력이 있기 때문이다.

넷째, 그래서 '시리즈 A 투자', 즉 벤처캐피털로부터 받는 첫 투자의 유치 가능성을 보여줘야 한다. 여기서 창업팀(사람)의 뛰어난 자질은 기본 중의 기본이기에 다시 강조하지는 않겠다.

엔젤 중에는 간혹 엔젤의 탈을 쓴 악마devil가 섞여 있을 수도 있으므로, 잘 모르는 엔젤이라면 반드시 주변 사람들 혹은 그 분야를 잘 아는 분들을 통해 검증reference check을 해야 한다. 내 경험상으로 악마들은 10% 이상의 지나친 지분을 요구하거나, 우선주나 전환사채 투자를 하거나, 연대보증을 요구하거나, 추가 투자에 대한 옵션을 많이 거는 사람들 중에서 많이 나타난다.

최근에는 프라이머부터 파운더스캠프Founders Camp까지 이르는 많은 엑셀러레이터들이 활발히 투자대상을 찾고 있다. 엑셀러레이터를 고르려면 그들의 교육 프로그램과 투자유치 설명회(데모데이) 등도 어떻게 되는지 꼼꼼히 살펴볼 필요가 있다. 엑셀러레이터의 도움이 필요 없다면 각종 창업경진대회 상금도 노려볼 만하다. 요즘에는 상금 규모가 많이 커져서 대상大賞의 경우 상금이 어지간한 엑셀러레이터의 투자규모와 비슷한 수준이다. 통상 이 단계에서 투자금액은 1,000만~3억 원 수준에서 이루어지고, 나가는 지분은 1~10% 수준이 적절하다고 할 수 있다.

회사가 성장하고 매출도 발생하면 더 큰 성장을 위해 자금을 유치하게 된다. 이 단계가 벤처캐피털이란 기관으로부터 투자받는 단계다(앞서 잠깐 언급했듯이 벤처캐피털로부터 받는 첫 투자유치를 통상 시리즈 A라 하고 2차는 시리즈 B, 3차는 시리즈 C로 구분해서 부른다). 이때부터는 벤처캐피털 스스로도 외부자금을 유치하여 펀드 형태로 투자하는데(기관투자 자금, institutional money), 그런 만큼 시간도 많이 걸리고 투자단계 역시 좀 더 체계적으로 밟게 된다.

벤처캐피털은 투자유치 시 주로 사업성, 성장성, 수익성을 보기 때문에 스타트업은 이 부분을 중점적으로 알려야 한다. 즉, 자신이 하려는 비즈니스가 어떤 것이고 시장 규모는 얼마나 큰지, 또 언제 의미 있는 매출을 달성하고 그 성장 속도는 어떠할 것이며, 그래서 BEP에는 언제쯤 도달하고, 결론적으로 자금회수는 가능하며 그때의 수익률은 어느 정도에 이를지를 논리적으로 보여줘야 한다는 뜻이다. 특히 자금회수 방법으로 주식시장 상장을 꿈꾼다면 매출규모, 성장 속도, 이익률 등이 더 중요한 요소이고, M&A를 원한다면 고객 수, 시장장악력(시장점유율), 기술력(특허) 등이 더 중요할 수 있다.

벤처캐피털을 고를 수준의 매력적인 팀과 비즈니스 모델을 갖고 있다면 사업 시너지가 생길 수 있고 지속적인 투자follow-on도 가능한 벤처캐피털을 골라야 한다. 통상 시리즈 A 단계에서는 여전히 기업가치가 낮기 때문에 3억~10억 원 정도를 유치하는 것이 적절하다. 요즘에는 본엔젤스Bon Angels, 케이큐브벤처스K Cube Ventures, 캡스톤 파트너스 Capstone Partners, 쿨리지코너 인베스트먼트Coolidge Corner Investment 등 초 기기업에 전문성을 가지고 투자하는 펀드와 벤처캐피털이 많이 생겼고 또 활발히 활동하기 때문에 예전보다는 투자유치가 수월한 것 같다. 초기기업 전문펀드를 보유한 이런 벤처캐피털들은 초기팀만 있는 기업 에도 적극적으로 투자하기 때문에 스타트업 입장에선 때때로 엔젤이나 엑셀러레이터 단계를 생략하게 되기도 한다. 반대로 다음, 올라웍스 Olaworks, 첫눈처럼 스타트업을 거액에 매각하고 전문 엔젤투자자로 나 서는 슈퍼 엔젤들이 있는데 이들은 오히려 초기기업 전문 벤처캐피털의 투자대상들을 빼앗기도(?) 한다. 하긴, 이런 경향은 실리콘밸리에서 더 욱 심하게 나타나지만.

그럼 투자유치 시 사업발표pitch는 어떻게 해야 할까? 사실 스타트업 은 사람이 전부라 해도 과언이 아니기 때문에 강조해야 할 순서를 보면 뛰어난 인력들이 모여 있다는 것이 첫 번째고 두 번째는 큰 시장, 세 번 째는 하려는 비즈니스의 순서라 할 수 있다. 이것을 합쳐서 얘기하면 '뛰어난 인력들이 모여 바라보는 시장은 상당히 거대하고, 그곳에 내놓 는 우리 제품/서비스는 매우 섹시하다'라고 하겠다. 통상 거대한 비즈니 스 기회는 뛰어난 인력들이 모여서 하는 사업이 시장과 궁합이 딱 들어 맞을 때 있어왔다. 스마트폰 바람이 불기 시작했을 때의 카카오톡, 페이스 북에 살짝 싫증날 무렵에 등장한 인스타그램Instagram과 스냅챗처럼.

다시 처음으로 돌아가자. 투자유치는 창업할 때 이미 정해져 있고, 이는 여러 사례에서도 쉽게 찾을 수 있다. 내가 '만땅(마이쿤)'에 했던 투자도 '쫄투'에서 만나서 얘기할 때부터 이미 마음속으로 결정했던 것이었고, 플리토Flitto의 이정수 대표가 DSC인베스트먼트에서 투자받을 때에도 발표 5분 만에 투자 의사결정이 이루어진 것처럼 투자란 것은 첫 만남에서도 쉽게 결정될 수 있다. 대체 어떻게 이런 일이 가능하단 말인가?

이는 투자가 본질적으로 사람에 대한 것이고, 그 사람을 확인하는 방법은 그의 인생 속에 이미 녹아 있기 때문이다. 그 사람의 속성과 능력을 파악할 수 있는 모든 요인들은 그가 해온 일들뿐 아니라 그의 학교생활, 직장생활, 인간관계 속에 다 담겨 있다. 그러므로 투자를 유치하려는 창업자나 예비 창업자들은 과거 본인이 해온 작은 성공들이 큰 성공으로 가는 디딤돌이 됨을 항상 염두에 둬야 한다. 그러니 '사업 아이템은 죽이는데 왜 투자가 안 되는 것이냐'라며 불평할 필요가 없다. 불평해야 할 것은 오히려 잘 살아오지 못한 자신의 삶이기 때문이다.

마지막으로 투자자 앞에서의 피칭에 있어 중요한 몇 가지만 적어본다. 이건 순전히 내 개인적인 관점에서 정리한 것이다.

피칭 시의 팁

- 정해진 시간을 잘 지키자.

- CEO가 직접 하자.

- 공감을 이끌어내자.

  - 맞장구를 치거나, 가려운 데를 긁어주는 등의 센스가 필요

- 투자자가 잘 모르는 것들을 알려주자.

  - 새로운 시장, 새로운 서비스, 기존 시장에 다르게 접근하는 방식 등

- 자금 사용처를 정확하게 알려주자.

- 서비스는 시연, 동영상 등을 통해 직접 보여주는 것이 낫다.

- 과도한 애니메이션 효과는 자제하자.

- 질문할 때 받아 적고, 질문을 잘 알아듣고 대답하자.

- 피칭은 애들 장난이 아니다. 연습하고 또 연습하자.

- 하나라도 기억나게 만들자.

- 상황과 목적에 맞게 말하고 행동하자.

- 시간이 짧을수록 중요한 것을 앞에 배치하자.

- 일관된 스토리로 얘기하자.

  - 슬라이드가 넘어갈 때 스토리가 연결되게끔 해야 한다.

- 부정적 용어는 절대 금물이다.

  - '잘 모르는 분야' '처음 하는 거라서' '많이 떨려서' '이런 건 서툴러서' 등
  듣는 이의 호감이나 발표자의 자신감을 떨어뜨리는 표현은 쓰지 않는다.

- 자신감을 드러내되 그 근거를 반드시 밝히자.

- 수치가 좋으면 그것을 부각시키는 도표나 그래프를 사용하자.

- 발표용 자료의 이미지와 텍스트는 큼직하게 구성하자.

- 머릿속에 발표 내용을 그려보자.

  - 발표할 내용들을 머릿속에 차곡차곡 쌓아두고, 수시로 상황에 맞춰서

  꺼내보자.

인생 40대,
다시 디지털 노마드 정신이다

1780년 음력 6월, 연암 박지원은 압록강을 넘어 사신단使臣團의 일원으로 청나라를 방문할 기회를 갖는다. 한여름의 무더위를 뚫고 그해 10월에 돌아올 때까지 연암은 그 치열하면서도 새로운 경험들을 생생하게 글로 남겼는데, 그것이 『열하일기熱河日記』다.

내가 2014년을 맞아 첫 번째로 읽은 책도 바로 『열하일기』였다. 40대 중반의 연암은 부도 명예도 없이 우울한 심정으로 – 마치 40대 중반으로 다가가는 내 모습이 엿보이기도 한다 – 사신단의 정식 수행원도 아닌, 삼종형三從兄의 개인 비서 자격으로 청나라를 찾았다. 새로운 세계, 낯선 길 그리고 그곳에서 만난 사람들을 통해 연암은 자신의 시야를 넓힌 것은 물론 후대에 길이 이어질 명문名文을 남긴다. 별 직업도 없고 빈둥대던 40대 중반의 연암에게 있어 그런 경험은 새로운 시대를 여는 큰 기회로 다가온 것이다.

디지털 노마드digital nomad. 내가 올 한 해 동안 곱씹을 화두다. 노마드, 즉 유목민은 특별한 거처를 정하지 않고 정처 없이 떠도는 이들이지만 그래도 항상 새로운 것에 관심을 갖고 부딪치며 그것을 넘어서려 한다. 그것이 바로 유목민 정신이다. 그런 정신이 있었기에 칭기즈칸 Chingiz Khan의 군대는 단출했음에도 결국 세계를 제패할 수 있었다. 내가 연암을 통해 배우고자 한 것이 바로 이런 정신이다.

2장.
미니
창업
교실

스타트업도 마찬가지인 듯하다. 조직이 단출하면서도 빠른 속도를 유지하는 것, 그것이 급변하는 모바일 세상을 사는 우리의 자세여야 할 터.

어떻게 보면 우리 인생도 정처 없이 떠도는 유목민과 같다. 과거에 안정적이었던 직장은 이제 더 이상 안정적이지 않다. 설사 안정적인 직장에서 정년퇴직 시까지 잘 지냈다 하더라도 평균 수명이 연장되었으니 퇴직 후 30~40년 가까이 일 없이 지내는 것도 고역이다. 조기에 퇴직하는 경우에 더 암울한 것은 말할 것도 없고. 그럼 앞으로 무엇을, 어떻게 할 것인가?

평생 직장의 개념은 없어졌지만 평생 직업(일)은 있는 것 같다. 죽을 때까지 건강을 유지하며 일과 함께하는 삶은 얼마나 행복할까? 그러려면 나는 어떻게 살아야 할 것인가? 사실 이 질문은 우문愚問이고, '왜 사는지를 먼저 알라'가 현답賢答이 될 듯하다. 그런데 우문과 현답을 얘기하기 전에 존재의 이유를 깨쳐 아는 이라면 그 근간이 되는 정신을 어떻게 가져가야 할지 한 번쯤 고민해보게 된다.

이 고민에 대한 실마리를 나는 『열하일기』에서 찾게 되었다. 40대 중반의 연암은 새로운 문물에 대한 호기심과 관심이 많은 사람이었고, 겉으로 보이는 허세보다는 실질적인 본모습을 중시했던 문인이었다. 그랬기에 실학의 거두가 될 수 있었을 것이고. 그 모든 것을 가능하게 해준 것이 40대 중반에 '도발'한 청나라 방문이다. 그것이 없었다면 연암은 그냥 편하게 집에서 주는 밥이나 먹고 책 뒤척거리며 그저 그런 인물로만 살았을 것이다. 하지만 청나라에로의 도발, 즉 저지름은 연암을 큰 인물로 만든 원천이 되었다.

지금으로부터 정확히 19년 전, 20대 초반의 나는 홀로 배낭을 메고 중국으로 떠났다. 어학연수를 빙자한 도발이었는데 북경어언학원에 다니던 고등학교 선배에게 대충 편지로 북경에 가겠노라 연락한 것이 전부였고, 학교 등록도 하지 않은 상태에서 무턱대고 서울 하숙집의 모든 짐을 정리하고 중국으로 향한 것이다. 비행기표도 편도로 끊어서 말이다.

1995년 1월, 혈혈단신으로 도착한 북경은 너무나 추웠다. 내가 아는 것은 선배 형이 다닌다는 학교뿐이었고. 그런데 그 넓은 중국에서 그 형을 어떻게 만난단 말인가?

그래서 그냥 개념 없이 북경어언학원부터 찾아갔다. 학교 주위를 한참 서성거리다 배가 고파져서 들어간 어느 식당에서 헐레벌떡 먹을 것을 목구멍으로 넘기고 있던 중, 자전거 타고 가는 선배 형을 볼 수 있었다. 우린 그렇게 만났다. 그런데 학교 등록은 요원한 일. 남자가 칼을 빼들었는데 그 상태로 한국엔 죽어도 돌아오기 싫어서 다시 홀로 열몇 시간 동안 기차를 타고 칭다오Qingdao로 넘어갔다. 그리고 그곳에서 학과 선배 형을 만나 비자를 연장하고 숙소도 구했으며 무엇보다 학교에도 등록할 수 있었다.

유학원을 거치거나 사전 입학증명서 한 장 없이 그저 배낭 하나 달랑 메고 날아간 중국에서 그렇게 난 1995년 1월부터 1996년 1월까지 1년을 견뎠다. 막상 떠나기가 어려워서 그렇지 일단 떠나보면 길거리에서 만나는 모든 사람과 친구가 된다. 그들에게 도움을 요청하면 대부분은 도와주고, 설사 안 도와준다 해도 다른 이에게 물어보면 된다. 말 한마디 못했던 연암이 필담으로 대화를 나눠 『열하일기』를 남겼던 것처럼, 내 중국 생활의 처음 역시 필담에 손짓발짓이 전부였다. 안 하니 못하는 것이고, 해보면 다 할 수 있는 것이거늘. 현대그룹을 만든 정주영 회장님도 "그거, 해보기나 했어?"라는 말을 남기지 않았던가?

그리고 세상은 필연보다 우연에 더 많이 좌우되는 것 같다. 하나하나의 우연이 잘 연결되면 불가능해 보이던 것들도 가능해지고, 그러다 보면 자신도 많이 바뀌고 성장하고 있음을 느낄 수 있다. 스티브 잡스가 스탠포드 대학 졸업식 축사에서 이야기했던 '점들 연결하기connecting the dots'도 이런 의미가 아니었을까?

1996년 1월 6일, 내가 사랑하는 가수 김광석이 세상을 떠났다. 난 그때도 북경에 있었다. 북경 변두리 허름한 호텔 바에서 맥주잔을 기울이며 김광석의 비보를 들었다. "광석이는 왜 그리 빨리 세상을 떠났누"라는, 영화 〈공동경비구역 JSA〉에서의 송강호 대사처럼 그는 너무나 빨리 세상을 떴다. 안녕하지 못한 우리에게 이토록 많은 짐을 남겨두고 말이다.

다시 디지털 노마드로 돌아가자. 20대 초반 젊었을 때 나는 중국이라는 큰 세상에 홀로 던져졌고, 열심히 그 세상을 헤쳐 나왔다. 그리고 근 20년이 지난 지금은 다시 유목민 심정으로 돌아간다. 급변하는 디지털 시대, 모바일 시대에 그 정신으로 무장하지 않으면 앞을 헤쳐 나갈 수 없을지 모른다. 딸린 것들과 신경 쓸 것들이 많으면 이런 시대를 따라가지 못할 듯하고, 설령 따라간다 하더라도 성공하지는 못할 것 같다. 그러니 미리 앞서 나가려면 좀 더 단출하게 정비하고, 선택과 집중을 하며, 속도감을 높일 필요가 있다. 다시 맞을 20년을 바라보며 말이다.

이런 기대를 가지고 『열하일기』를 읽기 시작했는데, 중반부에 나오는 「일신수필駅迅隨筆」을 보면 책이 전혀 다른 방향으로 가고 있는 듯하다. 이런 연유로 오히려 연암에게 더 정감이 간다고 하면 거짓말일까. 그래서 아래에 한 구절을 실어보았다.

하지만 그럼에도 연암의 노마드 정신은 『열하일기』 곳곳에 나타난다. 한 해를 열 만한 책이라는 관점에서 보면 작년에 읽었던 『승려와 수수께끼』만큼의 영향을 미치기에 충분하다. 적어도 내게는 말이다.

아, 공자가 240년간의 역사를 간추려 '춘추春秋'라 하였으나, 이 240년 동안 일어난 군사, 외교 등의 사적은 꽃이 피고 잎이 지는 것과 같은 잠깐 사이의 일에 지나지 않는다. 달리는 말 위에서 휙휙 스쳐 지나가는 것들을 기록하노라니 문득 이런 생각이 들었다. 먹을 한 점 찍는 사이는 눈 한 번 깜박이고 숨 한 번 쉬는 짧은 순간에 지나지 않는다. 눈 한 번 깜박하고 숨 한 번 쉬는 사이에 벌써 작은 옛날小古, 작은 오늘小今이 되어버린다. 그렇다면 하나의 옛날이나 오늘은 또한 크게 눈 한 번 깜박하고 크게 숨 한 번 쉬는 사이라 할 수 있겠다. 이처럼 찰나에 불과한 세상에서 이름을 날리고 공을 세우겠다고 욕심을 부리니 어찌 서글프지 않겠는가?

– 『열하일기』 상편, 「일신수필」 중에서

JUST START, DON'T BE CHICKEN!

3장

어느 벤처투자자의 창업 분투기

경제행위를 하는 사람으로서의 주도적인 삶은 뭘까? 뭔가 의미 있는 서비스나 상품을 만들어 세상에 출시하고 그것을 통해 세상의 가치에 일조하며 스스로 만족을 찾는 삶이 아닐까? 그런 의미에서 보면 투자는 약간 부족한 측면이 있다. 새로운 가치를 만들어낸다는 업의 본질보다는 그것을 지원하는 역할에 그치는 셈이니까. 그런데 이런 갈증이 왜 자꾸 생기는 거지?

그러면 내가 직접 창업을 해보면 어떨까? 지금까지 배워온 것과 내가 떠들어온 말대로 직접 창업현장에 뛰어들어볼까? 아마도 미친 놈이란 소리를 듣겠지? 그런데 이런소리는 워낙 많이 들어서 이 골이 난 것 같아. 또 들으면 어때? 세상은 원래 미친 놈들이 만들어가는 거거든.

1 스타트업 위크엔드 기획자,
_ 한번 해보고 싶었다

2013년 5월 26일 일요일 오후 3시, 고려대 하나스퀘어. 다들 발표 준비로 어수선하다. 이윽고 금요일 밤부터 2박 3일간 진행되었던 스타트업 위크엔드의 발표시간. 열띤 발표가 이어지고, 나를 포함한 여러 심사위원들이 평가질문을 던진다.

이런 질의응답 시간이 다 끝나고 심사위원들이 최종평가를 위해 한자리에 모였다. 캡스톤의 송은강 대표님이 심사위원장을 맡으셨는데, 급한 일이 있어 자리를 떠야 된다면서 내게 위원장 자리를 넘기셨다. 순간 당황했지만 재빨리 총평을 준비하고 각 부문별로 수상자를 발표하며 행사를 마무리했다. 상금은 100만 원밖에 안 되지만 다들 너무나 좋아하며 기념사진도 촬영한다.

그렇게 시상식이 끝나고 고려대 내의 식당으로 이동해서 늦은 저녁식사를 함께했다. 나는 우연히 주차장 공유서비스를 하는 '모두의주차장' 강수남 대표님 옆에 자리를 잡게 되었다.

"강 대표님, 심사위원장을 두 번째 하고 있는데 점점 감도 떨어지고 잘 모르겠어요. 재미도 없고요."

"그럼 다음 대회 때는 직접 참가해보시는 것이 어떨까요? 재밌는데."

"오! 그런데 제가 참석하면 민폐 아닐까요?"

"괜찮아요. 삼성전자 김규호 전무님이나 앱센터운동본부 김진형 교수님, 김세진 본부장님도 기획자로 참석한 적이 있으신걸요."

"그래요? 그럼 한번 고민해보겠습니다."

그렇게 툭 던지고 석 달이 지나 8월 말이 되었는데도 기획자로 참가할 만큼의 마땅한 아이디어가 떠오르지 않는다. 덜컥 참가하겠다고 얘기도 하고 여기저기 떠벌이고 다녔는데 행사일이 코앞으로 다가오니 불안감이 엄습했다. 여섯 개 정도의 아이디어를 꾸역꾸역 에버노트에 정리해뒀지만 모두 영 맘에 들지 않아서 고민하던 차, 일본에서 출시된 비밀폴더 앱을 접하게 되었다. 패턴을 인식해서 비밀폴더로 들어가면 그 안에 사진, 전화번호, 노트 등의 개인정보가 들어 있는, 사생활보호기능이 강조된 그 앱을 보자 '아하!' 하고 아이디어가 번뜩 떠올라서 곧바로 에버노트에 기록했다.

며칠 후, 제12회 스타트업 위크엔드 홈페이지에 모바일로 아이디어를 등록하면서 정식으로 참가 신청을 하는 내 두 손은 긴장 탓에 땀으로 범벅이 되었다. 지난 11회 대회에서는 한 후배가 기획자로 참가했지만 100초 피치 때 떨어졌다는 얘기도 들었던 터라 혹 내가 그렇게 되지는 않을지 걱정도 됐지만, 어쩌겠는가. 이미 주사위는 던져졌는데.

제12회 스타트업 위크엔드는 9월 6일 오후 5시부터 2박 3일간 인천과 제주도를 오가는 크루즈 안에서 펼쳐졌다(갇힌 공간에서 벌어지는 스타트업 행사의 묘미가 있다면, 자신의 기획 아이디어가 채택되지 않아서 열 받아도 집에 가는 방법은 바다로 뛰어내리는 것밖에 없다는 점이다). 스타트업 위크엔드 티셔츠를 발급받아 갈아입고, 기획자라고 쓰여 있는 명찰도 착용했다.

배에 타자마자 저녁식사를 했다. 긴장되는 행사를 앞두고 있어도 밥맛은 기대 이상이었다. 이제부터 달리는 일만 남았다. 식사 후 참가자들은 크루즈의 3등칸(꼬리칸) 이벤트홀(의자도 없이 넓은)에 모여 바로 100초 아이디어 피치에 들어갔다. 피치는 공교롭게도 아이디어 접수 순으로 하게 되어 내가 첫 번째 주자로 나섰다. 이상하게 떨렸지만 그래도 주머니에 연양갱 두 개를 넣고 무대로 나가서 아이디어를 발표했다. 그리고 말미에 양갱을 들어 보이면서 이야기했다.

"우리 팀에 오시면 설국양갱을 맘껏 드리겠습니다. 좋은 개발자와 디자이너 여러분을 기다립니다."

정확히 100초를 다 소진했다. 역시 이런 발표는 먼저 해야 맘이 편하다. 거의 서른 개가 넘는 아이디어 발표가 끝난 뒤 곧바로 아이디어 채택을 위한 모바일 투표에 들어갔다. 1인당 세 번 투표가 가능하고, 투표 현황은 큰 스크린에 나타난다. 앗! 내 아이디어가 상위권에서 맴돈다. 그리고 카운트다운. 3위로 끝났다. 총 서른 개의 아이디어 중 10위까지 채택되니 첫 커트라인은 무사히 통과한 셈이다. 기분이 너무 좋았다. 이제 내가 내 아이디어를 구현할 팀의 팀장이 되는 거다.

그다음 행사는 선상 불꽃놀이 쇼였다. 그 뒤를 이어 바로 팀 빌딩 순서가 기다리고 있는 것을 생각하니 쇼 같은 건 눈에 들어오지도 않았지만, 그래도 어두운 밤바다에서 터지는 불꽃은 매우 아름다웠다.

그리고 우린 다시 3등석 꼬리칸에 모여들었다. 앞서 채택된 열 개의 기획 아이디어가 번호 순서대로 A4 용지에 프린트되어 바닥에 붙어 있다. 기획자, 개발자, 디자이너 등의 참가자들은 자신의 맘에 드는 아이디어에 자기 이름을 쓴 포스트잇을 붙여야 한다. 살벌한 시간이긴 했지만 난 이미 베테랑 서버개발자, 디자이너, 기획자를 각각 한 명씩 섭외해두었기에 추가로 어떤 사람들이 들어올까 맘을 졸이면서 상황을 지켜보았다. 다행히 우리 팀엔 나를 포함한 기획자 둘, 디자이너 둘, 개발자 셋 등 총 일곱 명이 확보되었다. 많은 사람들이 몰린 팀은 각 영역별로 가위바위보를 해서 탈락된 사람을 다른 팀으로 임의 배정했다. 사람들 사이에서 별 불만은 없었다. 뭐, 있다고 해도 곧바로 집으로 갈 수는 없는 크루즈 내에 있으니까. 어쨌든 그렇게 기획자 스무 명, 디자이너 스무 명, 개발자 서른 명이 각 팀당 일곱 명씩(기획자 둘, 디자이너 둘, 개발자 셋) 배정되며 총 열 팀이 구성되었다.

팀 빌딩이 끝나자마자 기획회의에 필요한 장비(큰 종이 보드, 보드마커,

포스트잇, 멀티탭 등)와 식량(초콜릿, 물, 과자, 사발면 등)이 보급되었다. 우리 팀은 꼬리칸 내에서도 후미 쪽에 자리를 잡고 둥글게 모여 앉았다. 우선 약속한 대로 연양갱(일명 '설국양갱')을 팀원들에게 나누어준 뒤 팀명을 정하자고 하자 다들 '설국 크루즈'를 외친다. 그것이 '설국 크루즈' 프로젝트의 시작이었다.

우리 팀엔 대학교 2학년 학생부터 마흔 중순이 된 서버개발자까지 다양하게 모였다. 모여 앉은 팀원들은 돌아가며 간단히 자기소개를 하고, 어떻게 스타트업 위크엔드에 참석하게 되었으며 무엇을 얻어 가고 싶은지 등을 이야기한다. 덧붙여 내 아이템에 대해서도 한마디씩 말한다. 소셜데이팅 서비스 회사를 운영하면서 디자이너로 참석한 K군은 '디자이너가 별로 할 게 없는 아이템'이라느니 '그냥 푹 쉬다 가기에 좋은 팀일 것 같아 우리 팀에 신청했다'는 등의 얘기로 초반부터 초를 치는 바람에 '확 쳐버릴까 말까' 하는 생각도 들었다. 카이스트 대학원에 다니고 있는 H는 내 아이템이 자기 주 연구 분야라며 걱정 말란다. 한시름 덜었다.

이제 본격적으로 내 아이템에 대한 불만이 터져 나오기 시작한다. 내가 일일이 답변하려고 하는데, 20년 경력 서버개발자가 본인은 이번이 다섯 번째 참가라면서 나를 제지하고 자신이 회의를 주도해가려 한다. 그래도 내가 팀장인데 싶어 순간 당황함이 밀려들고 화도 나기에 핏대를 살짝 올리다가 이내 깨달았다. 지금은 브레인스토밍 시간이고, 충분히 팀원들의 얘기를 들은 뒤 그들이 이 팀에서 생각하는 비전과 역할을 내가 충분히 이해하며 서로 공감대를 만들어가는 과정이라는 것을. 그리고 그런 과정이 아이템 기획을 빨리 정리해서 개발에 착수하는 것보다 더 중요하다는 것을.

창업을 할 때도 마찬가지라고 해놓고서는……. '중요한 것은 제품이나 서비스를 먼저 출시하는 것이 아니라 조직원들의 다양한 생각을 이끌어내서 공감대를 형성하고 비전을 수립한 다음 실행 계획을 세우는 것이고, 그래야 그 조직이 오래갈 수 있다'라고 창업스쿨에서 그렇게 누누이 말했던 내가 지금은 2박 3일간 시간이 별로 없다며 기획 아이템에서 살짝 벗어난 이야기에 발끈해서 반박이나 하고 있다니. 뭔가 한 대 맞은 듯한 느낌이 들었다. 아하, 역시 많이 참가한 고수가 다르긴 하구나. 그분의 말씀이 옳았다.

그런 과정을 거쳐서인지 우린 다행히 쉽게 서로의 마음을 터놓고 얘기할 수 있었고, 내 차례 때 기획 아이템을 다시 한 번 설명하는 것으로 기획회의를 쉽게 마칠 수 있었다. 이제 해야 할 일은 기획, 개발, 디자인 각 영역별로 역할을 구분하고 실행하는 것인데, 훌륭한 개발자 세 명이 있었던 터라 그건 큰 문제가 되지 않았다.

아침 8시가 좀 넘어 제주도에 도착했다. 인천에서 출발한 지 14시간이 넘어서야 육지를 밟은 것이다. 넥슨Nexon 사무실에 도착해서 본격적인 개발 모드에 들어갔다. 내 아이템을 간단히 설명하자면 '나만의 프라이빗 스마트폰 론처launcher'로, 개인정보 보호기능이 매우 강화된 론처라 할 수 있다. 지금은 특허 출원 중이라 여기에서 더 이야기할 수는 없으니 자세한 내용은 개인적으로 문의하시라.

H는 본격적으로 개발에 매진한다. 유일한 처자^{處子} L도 처자고 있는 K와 달리 디자인에 열중이고, 서버개발자도 자기 역할을 찾아간다. 나도 그다음 날 새벽 4시에 있는 발표를 준비하기 시작했다. 관련 통계자료 및 그래프 등은 기획자 A가 도와주었다. 그렇게 몰두하다 보니 김밥이 하나씩 주어졌고, 그것을 먹고 또 열중하니 넥슨 구내식당에서 준비한 식사가 나왔다. 점심 무렵쯤 되자 우리의 프로토타입은 거의 완성되었다. 그때까지 기획회의를 하느라 열심히 포스트잇을 붙이는 팀도 있었으니 그 정도면 우린 운이 좋은 편이었다. 그런데 조금 있으니 앱센터 운동본부의 김진형 이사장님 및 다른 심사위원분들이 말을 건네신다.

"이 대표, 상 받으러 이 행사에 온 건 아니지? 이거 심사하기도 어렵네."
"뭐, 그냥 객관적으로 평가해주시면 될 듯 싶습니다."
"심사위원장까지 했던 사람한테 상을 주면 주최 측의 농간이라 할 것 같기도 한데. 허허."
"그래도 저 때문에 열심히 개발한 팀원들이 피해를 보면 안 되잖아요."

머리가 복잡해진다. 그래도 끝까지 열심히 해야 했다. 우리 팀엔 두 명의 대학생과 한 명의 대학원생 등 젊은이들이 있는데 나뿐만 아니라 그들에게 있어 이 행사는 특히나 더 의미가 있을 것이다. 그런데 그들이 나 때문에 수상을 못한다면 그건 안 될 노릇이었다. 난 내가 맡은 역할인 발표 준비에 최선을 다해야 한다. '어떻게 하면 5분 동안 멋진 발표를 할 수 있을까?'만을 두고 고민을 거듭했다.

시간이 지남에 따라 답은 어느 정도 찾은 것 같고, 실제 앱 구현도 많이 진행되었다. 오후 4시 30분이 가까워지자 다시 버스를 타란다. 육지를 밟은 시간은 고작 8시간도 되지 않았는데 다시 크루즈를 타러 가야 한다. 밀려오는 졸음을 에너지드링크로 밀어내고 승선하자 저녁식사 시간이 되었는데, 밥이 영 먹히질 않는다. 몇 숟가락 뜨는 둥 마는 둥 하고서는 바로 사발면을 구하러 갔다. 마법 같은 MSG 국물이 들어가자 속이 안정된다.

토요일 오후 9시, 이제 본격적으로 달려야 한다. 7시간 후인 새벽 4시에 이번 행사의 하이라이트인 참가팀들의 발표시간이 있다. 새벽 4시에, 그것도 이틀을 뜬눈으로 지샌 상태에서 발표하는 것도 세계적으로 유례 없는 일이 아닐까 싶다. 그때까지 버티려면 카페인과 당분이 절대적으로 필요했기에 초콜릿바, 에너지드링크, 커피를 계속 들이켰다. 오래된 중고차 엔진에 유류 첨가제를 넣는 기분이랄까. 참 묘했다. 그러면서도 에너지드링크의 효능에는 감탄이 나온다.

발표를 앞두고 괜스레 긴장된다. 3등칸에서 내려가 배 주위를 계속 돌았다. 연신 세수도 하고 발표 내용을 머릿속에 그려 보면서 2시간을 보냈다.

4시. 사회자 심규병 대표가 마이크를 잡았고, 발표 순서를 정한 뒤 그에 따라 각 팀의 발표가 시작되었다. 5분 발표, 5분 질의응답으로 진행된다. 나는 총 열 팀 중에서 일곱 번째로 정해졌다. 먼저 하는 것이

속 편한데.

첫 팀의 발표가 시작된 지 거의 한 시간이 지난 5시 무렵, 드디어 내 순서가 도래했다. 발표를 위해 앞으로 나가 마이크를 잡는데 몹시 긴장되면서 목소리도 떨린다. 700명이 넘는 사람 앞에서 '쫄투' 공개방송도 해봤고, tvN의 '쿨까당'에 출연한 경험도 있는데 내가 기획자로 참가해서 내 아이템을 발표하는 그 순간에 그렇게 떨릴 줄은 미처 예상치 못했다.

"여러분, 와이프가 자신의 폰을 훔쳐보는 것 같아 불안하셨죠? 이제 그런 불안감에서 벗어날 때가 되었습니다. 바로 '나만의 프라이빗 스마트폰 론처-딱 걸렸어!'로 말입니다. 비즈니스 모델 캔버스 다 아시죠? 그걸 우리 BM에 한번 적용시켜보겠습니다. 어렵다고요? 결코 어렵지 않습니다. 쉽게 설명하면, 우리 서비스는 안드로이드 앱 장터를 통해 세상의 모든 남편들에게 불안감 해소라는 가치를 제공합니다. 지속적인 업데이트와 기능보완으로 고객과의 끈끈한 관계를 유지하면 부분 유료화 모델을 통해 수익을 창출할 수 있고, 우리 팀에 참가한 그런 천재 개발자들과 함께 안정적인 서비스를 지속하며, 선점효과 및 특허를 통해 진입장벽도 구축함으로써 비용 면에서 장기적으로 경쟁우위를 점할 수 있습니다."

4분 30초로 발표를 마쳤다. 바로 질의응답이 이어진다. 참가자들이 먼저 질문을 하고 그다음에 심사위원들이 묻는 순서다. 질의응답은 많이 해봤던 터라 그리 떨리진 않았고, 한편으로는 너무 자신 있게 답한 것 같기도 했다. 어쩌면 그게 다소 싸가지 없는 모습으로 비춰졌을지도 모르겠지만.

참가자들의 질문이 끝나고 이제 심사위원들이 질문을 던지기 시작하신다. 불과 4개월 전엔 내가 저 자리에 있었는데, 역시나 역할을 바꿔 놓으니 많이 다르다.

"발표 잘 들었는데, 이거 '오빠 믿지?' 같은 나쁜 앱 느낌이 나는데요."

"아, 이 앱은 부부 사이에도 프라이버시가 있기 때문에 그걸 보호하고자 하는 것이죠."

"혹시 와이프랑 사이 안 좋으세요?"

"사이는 좋은데 이런 수요도 있을 것 같아서요. 모든 남편들은 공감할 것 같고, 그래서 남편들에겐 무료로 뿌릴까 합니다."

"앱 다운은 받을 것 같은데, 착한 앱 같지는 않네요."

"……."

이런 대화들이 10여 분간 이어졌다. 티셔츠가 흠뻑 젖었다. 내 자리로 돌아오는데 팀원들이 하이파이브를 한다. 긴장이 풀렸다. 내 뒤로 나머지 세 팀의 발표가 있었지만 이내 졸음이 밀려와 잠시 눈을 붙였다.

30여 분이 지났다. 수상자를 발표하기 시작한다. 엔지니어링, UX/UI, 프레젠테이션 그리고 비즈니스 모델상 등 총 네 개 부문에서 상이 수여되는데, 프레젠테이션 상을 제외한 세 분야의 수상자는 모두 심사위원들이 결정한다. 즉, 프레젠테이션상은 인기상인 셈인데 나는 아쉽게도 한 표 차이로 수상하지 못했고, 우리 팀은 UX/UI와 비즈니스 모델 부문에서 2위를 기록하면서 수상에 실패했다. 아쉬웠고 팀원들에게 미안했다. 다 나 때문에 이런 결과가 나온 것 같았다. 그나마 다행인 것은 '쫄지 마! 창업스쿨'의 제자 겸 후배인 김민석 군이 대상 격인 비즈니스 모델상을 수상했다는 것이다.

이제 모든 일정이 끝났다. 인천대교가 저 멀리 보이고, 햇살도 눈부시다. 갑판에 나와 다들 사진 찍느라 여념이 없다. 졸렸지만 뿌듯했다. 사진을 찍고 있는 김춘배 심사위원이 저 멀리 보인다. 지난번엔 나와 같이 심사했던 분인데, 어쩐지 그분 가까이는 가기가 싫어서 멀찍이 떨어진 곳에서 팀원들과 사진을 찍었다. 이것이 내가 그분께 할 수 있는 유일한 복수(?)였다.

많은 것을 느끼고 배웠다. 2박 3일간 실제 스타트업 경험도 해보았고, 그 안에서 티격태격 기싸움도 해봤으며, 나름 잠 안 자고 열심히 노력해서 작지만 소중한 결과물도 만들어봤다. 심사위원석에만 앉아 있었다면 결코 경험해보지 못했을 것들을 한꺼번에 다 느껴본 것이다.

갑판에서 마지막 기념촬영까지 마치자 다들 환호성을 지른다. 배에서 내려 주차장으로 걸어가는데 팀원들 모두가 전화를 걸고 문자를 보내온다. 벌써 그들이 그립다. 다음 스타트업 위크엔드도 기다려진다. 비록 몸은 너무 축나는 느낌이 들어 다음엔 심사위원으로 참석해야겠다는 생각이 들기도 하지만, 재미는 확실히 기획자로 참여하는 것과 비교할 수 없다. 어떤 자격으로 다시 참석하게 될지는 나도 아직 모르겠다.

9월의 따가운 햇살이 내 어깨에 내려앉았다.

2 창업에 대한
__ 갈증

    스타트업 위크엔드를 다녀오고 나흘 뒤 곧바로 모 기업에서 있었던 1박 2일 코스의 밤샘 멘토링 코스에 투입되었더니 체력이 바닥났다. 역시 이런 밤샘 프로젝트는 젊었을 때 해야 제맛인데.

    직장 경력 중 스타트업으로 외도했던 1년 반을 제외하더라도 투자자로서의 삶은 이미 16년이 넘어간다. 그 기간 동안 나는 뭘 이루고 뭘 얻었으며, 내가 투자자가 되기에 적절한 인물인지도 자문해본다. 답은 여전히 미궁이다. 왜 자꾸 이런 생각이 머릿속을 맴도는지 모르겠다.

    2010년 3월, 카카오톡이 애플 앱스토어에 출시된 지 1주일쯤 지났을 때 난 카카오를 찾아갔다. 당시 이제범 대표, 송지호 부사장과 첫 미팅을 하고 그 이후 계속 카카오를 주시하며 방문해서 사업내용을 업데이트해나갔다. 매주 단위로 사용자가 급속도로 늘어나는 것을 보고 카카오에 투자해야겠다는 마음을 잡았다. 그런데 수익모델이 딱히 없었다. 지금이야 카카오톡이 게임 및 모바일 소셜 플랫폼으로 진화하고 있으니 무슨 소린가 하겠지만 그때는 이렇게 될 줄 미처 몰랐다.

아마도 나는 카카오가 만난 첫 벤처캐피털이 아니었을까 싶은데, 결과적으로 나는 카카오에 투자를 못했다. 정확히 말하면 '까였다.' 2010년 6월, 마침 IDG 본사의 회장인 패트릭 맥거번Patrick McGovern이 우리나라를 방문했을 때에는 카카오의 김범수 의장을 모시고 IR 자리까지 마련했다. 물론 발표는 CFO를 맡은 송지호 부사장이 유창한 영어로 했지만 말이다. 그래도 질의응답 시간엔 김범수 의장이 주도적으로 답변했고 분위기 또한 좋았다.

IR이 끝난 뒤에는 우리끼리 정리하는 미팅wrap-up meeting에서 카카오에 투자하는 쪽으로 방향을 잡았다. 관건은 회사가치. 일단 자본금의 두 배 수준인 170억 원(프리 밸류 기준)에서 협상을 시작했다. 그런데 매출 제로인 회사, 그것도 향후 2년간 매출 발생 가능성이 낮은 기업에 170억 원 밸류로 투자할 벤처캐피털이 적어도 그 당시엔 없었다. 그렇기에 투자 가격재조정 옵션을 요구한 것은 어쩌면 우리로선 당연한 조치였는지 모른다. 가격재조정 옵션을 추가한다면 기업가치가 40억 원 인상되는 효과가 있었기에 협상의 폭은 170억 원에서 210억 원 사이로 커졌다. 거기에 또 하나 김범수 의장의 발목을 잡을 법한 조항이 있었으니, 그것은 바로 김 의장이 책임경영 차원에서 (적어도) 공동 대표이사로라도 재직했으면 좋겠다는 조항이었다.

이 두 조건에 합의를 하지 못한 채 시간은 2~3개월 소요되었고, 가을 무렵이 되어 나는 카카오가 김범수 의장의 지인들로부터 50억 원의 투자를 유치했다는 소식을 접하게 되었다. 내게 있어 일생일대의 대박 기회는 그렇게 날아갔다.

어디 카카오뿐이랴. 애니팡 신화를 이룬 선데이토즈와의 경험도 이와 비슷했다. 분당의 한 오피스텔에서 대여섯 명이 개발하던 시절, 대략적인 투자 관련 얘기를 하고 이정웅 대표 및 임원들과 함께 근처 중식당에서 만나 술 한잔 사며 창업 고민을 들어주고 위로해주기도 했었는데, 그만 IDG 내부의 경영진 교체 사건으로 2~3개월의 투자 의사결정 공백이 생기는 바람에 또 하나의 대박 기회를 날려버렸다.

파티게임즈(이대형 대표)는 또 어떤가? 막판 투자결정 시 코코네Cocone와 파티게임즈를 저울질하다 코코네로 기우는 바람에 '아이러브커피'라는 대박 게임을 놓쳤으니 참으로 지지리 복도 없다. '이러고도 내가 벤처투자자라고 할 수 있나' 하는 자괴감까지 들었다.

캡스톤 파트너스의 안광수 팀장은 "벤처투자자로서 가장 하지 말아야 할 말은 '내가 여기에 투자할 뻔했는데'라는 말"이라고 이야기한 바 있다. 그 말을 들었을 때 내 등골에서는 식은땀이 흘러내렸다. '안 팀장, 그건 나도 아는데 오죽하면 이러겠나? 자네는 나 같지 않은 훌륭한 벤처캐피털리스트가 되시게'라고 말해주고 싶었지만 그런 말을 한다는 것 자체도 부끄러웠다. 그래, 나는 이런 벤처투자자다. 이러니 내가 내 자질에 대해 의심하지 않을 수 있겠는가?

투자도 제대로 못하면서 경영학 박사까지 땄다고 창업교육이니 멘토링이니 하고 있으니 답답할 노릇이다. 자괴감도 많이 든다. 이런 자괴감은 2012년 4월, 카카오가 5,000억 원이 넘는 밸류로 중국 텐센트로부터 720억 원이라는 거액을 투자받았을 때 극에 달했다. 그래도 어쩌겠는가. 언젠간 내게도 해뜰 날이 오겠지. 참아야 한다. 아니, 버텨야 한다.

어쩌면 투자자로서의 이런 의문이 나를 정상적인 벤처투자자의 성장과는 다른 방향으로 나아가게 했는지도 모른다. 아니, 내가 그렇게 만들어가고 있겠지. 박사학위도 그래서 딴 것이고, '쫄투' 방송이나 '쫄지마! 창업스쿨'도 마찬가지인 거겠지. 이런 것들이 내게는 위장막이자 도피처거든. 이 위장막을 걷어내면 참된 나가 나오는데, 그러면 너무 속살까지 보여서 견디기 힘들지도 모른다. 그래도 그 속살까지 다 드러내야 내가 나다워지는 것 아니겠는가? 그래, 이것이 내 본모습이니 다 드러낸 속살을 보며 다시 한 번 투자의 본질에 대해 고민해보는 것도 좋을 것이다.

투자投資란 뭔가? 용어만 놓고 본다면 자본資本을 던지는投 것이다. 어디에? 창업자의 회사에. 그 투자된 자금을 운용하여 새로운 가치를 만들어내는 것은 바로 창업자이지 투자자가 아니다. 투자자는 창업자가 이뤄낸 결과를 보상으로 받으면 되는 것이고 그 과정을 즐기는 주체는 엄연히 창업자다.

그럼 투자자로서의 삶은 만날 훈수만 두다 끝나는 것이란 말인가? 그래서 내가 하고 싶은 것도 스타트업 창업자들을 통해서 대리만족하며 평생을 살아야 한단 말인가? 생각이 여기까지 미치자 정신이 아찔해진다.

경제행위를 하는 사람으로서의 주도적인 삶은 뭘까? 뭔가 의미 있는 서비스나 상품을 만들어 세상에 출시하고 그것을 통해 세상의 가치에 일조하며 스스로 만족을 찾는 삶이 아닐까? 그런 의미에서 보면 투자는 약간 부족한 측면이 있다. 새로운 가치를 만들어낸다는 업의 본질보다는 그것을 지원하는 역할에 그치는 셈이니까. 그런데 이런 갈증이 왜 자꾸 생기는 거지?

그러면 내가 직접 창업을 해보면 어떨까? 지금까지 배워온 것과 내가 떠들어온 말대로 직접 창업현장에 뛰어들어볼까? 아마도 미친 놈이란 소리를 듣겠지? 그런데 이런 소리는 워낙 많이 들어서 이골이 난 것 같아. 또 들으면 어때? 세상은 원래 미친 놈들이 만들어가는 거거든. 이젠 잘난 체하며 창업교육이니 멘토링이니 하는 건 그만두자. 인생 뭐 있겠어? 한번 저질러보는 거지. 더 늦기 전에 말이야.

3 '요즘예능' 프로젝트의 시작

2013년 9월 9일 월요일 저녁 7시. 프라이머와 '쫄투'가 함께하는 '쫄지 마! 창업스쿨' 시즌 2의 마지막 강의가 선릉역 은행권청년창업재단 6층에서 있었다. 8주 코스로 매주 월요일 밤에 진행되던 창업스쿨의 마지막 강의는 내가 맡았다. 내가 주최자니까. 이번 강의에서는 내가 감명 깊게 읽은 책인 『승려와 수수께끼』의 한국 번역자 신철호 님도 수강하는 영광을 누렸다.

'벤처캐피털과 기업가정신'이 대개 내가 마지막 강의에서 선택하는 주제였지만, 이번에는 '재무제표 쉽게 읽는 법'으로 바꿨다. 이 과목은 순전히 나와 관련이 크다. 회계가 어렵게 느껴지는 것은 수강생보다는 가르치는 사람에게 더 큰 문제가 있기 때문이다. 즉, 가르치는 사람이 어렵게 가르치니 수강생들은 흥미를 잃고 지레 포기해버리고, 그렇기 때문에 그들에게 회계는 영영 어렵게만 느껴지는 것이다. 그래서 회계 과목에서 D학점을 받은 나도 이렇게 쉽게 이해하고 있음을 보여주기 위해 아주 초보자의 수준으로도 이해할 수 있게 만든 수업이 바로 '재무제표 쉽게 읽는 법'이다. 평소 '스타트업 투자유치법'이란 주제로 강의할 때보다 인원수는 적었지만 나름 초롱초롱한 눈들을 바라보니 하나라도 더 알려주고 싶은 마음이 용솟음친다.

수강생 중에는 '쫄투'의 열혈 애청자인 모 인터넷 기업의 A군도 있었다. 창업에 관심 있어 보여 '창업하기 전에 미리 경험도 해볼 겸 내가 하는 창업스쿨을 들어보라'고 했는데 진짜 들으러 온 것이다. 기특한 녀석 (나중에 안 사실이지만 A는 학교 후배이기도 했다).

시즌 3까지 '쫄지 마! 창업스쿨'의 마지막 강의를 마친 뒤에는 항상 뒷풀이를 해왔다. 참가비는 1인당 1만 원. 이번엔 초콜릿 제조 스타트업을 하는 김민석 대표가 어느 호프집을 뒷풀이 장소로 잡았고, 프라이머의 장선향 매니저와 30명가량의 수강생이 모여 맥주로 건배하며 종강을 즐겼다. 제각기 돌아가며 자기소개도 하고 사업아이템 얘기를 하느라 분주하다. 나는 그런 열기가 좋다. 그중에는 SKT에 다니는 J 매니저와 창업을 작당모의(?)하는 친구들이 있는가 하면 시즌 1 때부터 계속 수강해온 학교 후배 김태형 대표, 잠시 백수 생활을 하고 있는 스핀노트 SpinNote 창업자 변영호 대표도 있었다. 술잔을 부딪히다 보니 시계바늘은 거의 12시를 향해 간다. 이젠 자리를 파해야 할 때다. 거둔 돈의 두 배에 달하는 술값이 나온 덕분에 차액은 내가 긁었다.

계산을 마치고 선릉역 쪽으로 향해 걸어가는데 A군이 부른다. 한잔 더 하잔다. 그래, 좋지. 즉석에서 친한 수강생 두 명을 더 섭외해서 근처 건물의 지하에 있는 일식 주점으로 향했다. 사케 한 병을 비우고 두 병째 마실 때였으니 아마 새벽 1시쯤이었을 거다. A가 스마트폰을 꺼내더니 자신이 구상한 아이템을 설명하기 시작한다. 예능 관련 큐레이션 서비스를 기획 중인데 이미 1년 전부터 구상해왔다고 한다. 실은 한두 달 전에 A가 '쫄투' 촬영 현장에 와서 이 아이템에 대해 설명해준 적이 있었는데 그땐 그냥 흘려들었다. 그런데 약간의 취기가 올랐음에도 어설픈 웹으로나마 구현해놓은 것을 보니 감이 오는 것이다.

"너 왜 이 아이템을 구상하게 된 거니?"

"'왜 예능 프로그램을 한 번에 모아서 쉽게 보여주는 서비스가 없을까?'라는 고민에서 나온 앱이죠. 이번 주에 가장 뜬 예능 프로그램은 뭐고, 가장 많이 본 하이라이트 동영상은 뭐고 등등 매주 방영된 예능 프로그램을 시청률 순과 날짜별, 그리고 당연히 게스트별로도 모아서 보여주고요. 내가 좋아하는 연예인이 과거 어떤 예능 프로그램에 출연했는지 새록새록 발견하는 것도 재미있거든요. 동영상뿐 아니라 뉴스 기사 그리고 함께 출연한 게스트들도 보여주려고 해요. 이젠 매일 매일 쏟아져 나오는 예능 동영상, 뉴스를 찾기 위해 네이버나 유튜브를 헤맬 필요가 없을 거예요. 우리 앱이 다 정리해서 보여줄 거니까요."

"좋아. 이거 직접 보고 설명을 들으니 감이 확 오네. 그런데 어떻게 개발할 생각이야?"

"제가 DB는 좀 정리해놓고 만질 줄 아는데 실제 클라이언트나 서버 쪽은 잘 몰라서요. 혹시 괜찮은 사람이 있을까요?"

"그럼 선수들 좀 소집해볼까나?"

"참! 디자인은 직장 선배가 해주기로 했어요."

"오호, 그럼 우리 다음 주 월요일에 다시 만나자. 내가 그때까지 애들 섭외해서 데리고 올게."

"네, 그렇게 하시지요."

그렇게 '요즘예능' 프로젝트는 시작되었다.

4 아이템 확보!
그럼 팀을 구성하라!

전날 새벽 2시까지의 음주는 그다음 날을 힘들게 한다. 맥주에 사케까지 마셨을 때는 더욱 그렇다. 약간의 편두통을 느끼며 출근하면서 팀에 합류시킬 가상의 팀원들을 생각해보니 몇몇 인물들이 떠오른다. 그중에는 네이버 출신이기도 한 개발자 B도 있었다. 곧바로 B에게 전화를 걸었다.

"후배님, 잘 지내시는가?"

"네, 형님. 형님도 잘 지내시죠?"

"나야 뭐 이것저것 하느라 정신없지. 다른 게 아니라 혹시 다음 주 월요일 저녁에 시간 되니?"

"네, 특별히 약속 잡아놓은 건 없어요. 근데 왜요?"

"괜찮은 프로젝트가 있는데 네가 딱 떠오르는 거야. 예능 관련 동영상 큐레이션 서비스라고나 할까? 일단 한번 와봐."

"네, 그러죠."

이어 벤처캐피털인 쿨리지코너에 다니는 강신혁 부장에게 전화를 했다. 그런데 이 후배는 선약이 있단다. 또 예전부터 괜찮다고 여겨왔던 배달의민족 이승민 실장에게도 전화했지만 역시나 같은 대답이 돌아온다. 그래, 처음은 세 명이면 된다. 『삼국지三國志』의 도원결의桃園結義도 세 명이 하지 않았는가.

그다음 주 월요일 저녁 7시, 강남역 삼성전자 뒤에 있는 '잡어와 묵은지'에 세 명의 남자가 모였다. B는 오랜만에 보는 터라 반가웠다. 자연스레 소맥이 만들어지고 몇 순배 도니 얼굴이 살짝 붉어진다. 조금 있으려니 A가 서비스 아이템에 대해 설명하기 시작한다.

"요즘 아프리카 TV 먹방도 인기를 끌고 있고, 유튜브에서 게임 소개해주는 '양띵'이란 아이도 한 달에 수천만 원씩 긁어모으고 있더라고요. 요런 동영상 큐레이션 혹은 편하게 보는 동영상 콘텐츠에 대한 소비는 앞으로도 늘어날 것 같아서 이 앱을 기획하게 되었어요. 우리는 예능 프로그램만 모아서 쉽게 보여주는 서비스인데, 예를 들어 주간별 예능 프로그램을 시청률 순 혹은 최근 일자 순으로 모아서 보여주는 거죠. 또 출연 게스트별로도 분류해서 자기가 좋아하는 스타들이 어느 예능 프로그램에 출연했고 그 당시 함께 출연했던 게스트는 누구였는지도 찾아보게 해주고, 그때의 하이라이트 동영상과 뉴스들까지 한꺼번에 보여주는 거예요. 괜찮겠죠?"

B는 고개를 끄덕인다.

"이거, 뭔가 될 것 같은데요. 함께 진행해보죠. 그런데 개발은 어느 정도 진행된 상태인가요?"

"현재까지 예능 관련 DB는 다 모아두었고 계속 업데이트하고 있는 단계예요. 지금은 개발에서 손을 뗀 지 오래되어서 잘하진 못하지만 그래도 제가 컴공과 출신이거든요. 디자인은 직장 선배에게 부탁해서 진행하려고 합니다."

이런 얘기들이 오갔다. 그런데 서버 관련 전문가인 B가 이 프로젝트를 진행하려면 안드로이드 클라이언트 개발자가 필요하기 때문에 B가 다음 주까지 개발자를 물색해 오기로 했다.

그래, 이렇게 얼추 팀 구성이 끝났다. 그런데 뭔가 화장실 다녀온 뒤에도 찝찝한 것 같은 느낌이 든다. 특히 처음 아이디어를 내고 기획을 맡은 A가 할 말이 있는 듯한데 머뭇거린다. 그래서 내가 한마디 했다.

"야, 우리 2차 가야지? 근처에 조용한 호프집이 있는데 거기 가자."

2차로 간 호프집에서 맥주를 마신다. 배는 이미 부른데 어색한 분위기는 여전하다. 이쯤 되면 분명히 짚고 넘어가야 할 것이 있는데 A가 여전히 주저한다. 다시 내가 나설 수밖에 없는 분위기다.

나 : 우리, 혹시라도 잘되면 법인 설립 갈 거야?

A : 네, 가야죠. 형님.

나 : 그럼 지분은 어떻게 나눌 거니?

A : 그러게요. 어떻게 나눠야 하죠?

나 : 네가 기획자고, 법인 설립하면 대표도 네가 될 거니 그건 네가 정해야지.

B : 그러게요. 기획자가 정하셔야죠.

A : 제가 이런 거는 해본 적이 없어서요.

나 : 그럼 이렇게 하자. 대표는 경영권이 흔들리면 안 되니까 60% 지분을 보장해주고, 나와 B는 각각 20%씩 갖는 걸로.

A : 그동안 저랑 함께 고민하고 디자인 도와준 디자이너한테도 일정 지분 챙겨줘야 해요. 안 그러면 저 맞아 죽어요.

나 : 얼마 정도 생각하는데?

A : 10%면 될 것 같아요. 이건 제 지분에서 나가는 걸로 할게요.

B : 그리고 제가 데리고 올 안드로이드 클라이언트 개발자한테도 10%는 줘야 될 것 같은데요.

나 : 그럼 클라이언트 개발자는 나와 B가 각각 5%씩 내서 주는 걸로 하면 어때? 대표이사 지분이 50% 밑으로 떨어지면 보기가 안 좋고, 혹 나중에 투자받을 일이 있을 때에도 곤란해질 수 있거든.

A, B : 그거 괜찮을 것 같네요.

나 : 그럼 A가 50%, 디자이너는 10%, 나와 B는 15%, 클라이언트 개
발자는 10%로 정합시다.

그렇게 헤어진 뒤 1주일이 지난 그다음 주 월요일 저녁 7시, 우리는
또 다시 모였다. 이번엔 새롭게 클라이언트 개발자인 C가 합류해서 지
난주보다 한 명 더 늘어난 네 명이다. 강남역 '헤르젠'에서 즐긴 독일식
족발 요리와 하우스 맥주의 조합, 거기에 프로야구 한국시리즈 경기까
지. 다행히 모인 네 명 모두가 두산 팬이어서 함께 응원도 하며 즐거운
분위기가 만들어졌다. 본격적으로 팀 빌딩이 완료되는 순간이다. 그것
을 기념하며 다들 술잔을 든다.

C는 다음 주 월요일에 CSS 코딩을 하는 친구를 데리고 온다고 했다.
우리가 기획한 앱은 웹앱으로 출시하기로 정했기 때문에 CSS 코딩이
필요하단다. 그래. 한 사람을 끌어들이니 그 사람이 가지를 뻗어서 어
느새 다섯 명이 모이게 된 것이다. 먼 곳에서 디자인을 도와주는 친구
까지 합하면 총 여섯 명이다. 여섯 명의 에이스로 팀이 구성되는 데 걸
린 시간은 겨우 3주였다.

그리고 우린 매주 월요일 저녁마다 술집에 모였다.

5 MVP 구축과
앱 출시

MVP, 즉 최소존속제품은 에릭 리스Eric Ries의 저서 『린 스타트업』에서 소개된 개념으로, 시장과 고객의 반응을 알아보기 위해 내놓는 최소한의 기능을 갖춘 제품이나 서비스를 말한다. 린 스타트업이라는 개념 자체가 최소존속제품을 빨리 시장에 출시하고build, 그 효과를 측정하며measure, 그것을 통해 배우고learn 서비스를 개선해가는 방법론이기 때문에 그 첫 단계에 해당되는 MVP 구축은 무엇보다 중요하다. 때문에 우리도 MVP를 뭐로 할 건지가 중요했다.

선선한 바람이 불어오는 10월 초 월요일 저녁, 우린 어김없이 강남역 어디선가 또 모였다. 이번엔 다섯 명. 흥겨운 술판이 벌어진다. 그리고 우린 각자 앞으로 어떻게 개발해갈 것인지 즐겁게 논의하기 시작했다.

앱의 형태에 대해서

우리 모두는 아주 단순화한 앱을 만들자는 것에 동의했다. 그러려면 아무래도 네이티브앱보다는 웹앱의 형태, 즉 웹서비스로 구현해 만들되 모바일상에서도 편하게 볼 수 있는 형태로 만들어야 했다. 물론 앱이 열릴 때의 속도, 또 자연스러운 애니메이션 효과를 보이거나 할 경우에는 네이티브앱이 월등히 낫다. 그럼에도 우리가 웹앱 형태를 택한 것에는 몇 가지 이유가 있었다.

첫째, 네이티브앱을 만드는 데는 디자이너의 역량이 많이 소요된다. 하지만 우리 디자이너는 타지에서 근무하는 관계로 많은 시간이나 열정을 우리 앱에 쏟아부을 수 없었기에 최소한의 디자인으로 구현 가능한 웹앱을 선택한 것이다.

둘째, 웹앱은 앱 변경이나 DB 업로드가 용이하다. 따라서 우리처럼 매일 업로드되는 예능 관련 콘텐츠를 큐레이션해서 보여주려면 웹 앱 형태로 만드는 것이 유리하고, 앱 메뉴 변경이나 기능 추가를 위해 일일이 수정된 앱을 마켓에 올리는 불편함도 덜 수 있다.

셋째, 제작 속도 면에서도 웹앱은 아무래도 네이티브앱보다 빠르다. 빠른 앱 출시와 시장반응 점검은 린 스타트업의 기본 정신이 아니던가?

덧붙여 우리는 비록 최소 기능만 구현된 아주 단순한 앱처럼 보일 수도 있지만 로그인, 댓글, 소셜 공유 등 불필요한 기능들은 모두 빼고 출시하기로 했다. 예능은 즐거운 것이고 그런 콘텐츠를 소비하는 데 스트레스를 받을 필요가 없기 때문에 단순하게 만들기로 한 것이다.

앱 제작비

최소존속제품이라는 정의에 충실한 앱이 되려면 제작비 또한 최소화되어야 했다. 얼추 예산을 뽑아보니 100만 원이면 충분했다. 일단 초창기에 모인 세 명, 즉 기획자 A가 60만 원, 서버개발자 B와 내가 각각 20만 원을 충당하기로 하고 A 명의의 통장에 입금했다. 그럼 이 100만 원은 어떻게 썼을까?

가장 많이 나간 것은 웹앱의 UI/UX에 해당하는 CSS 코딩 용역비 50만 원이었고, 개발과 관련된 나머지 비용은 모두 내부 자원으로 해결했다. 말이 거창해서 내부 자원이지 개발자, 기획자가 다 몸으로 때운 거다. 그리고 앱 론칭을 앞두고 페이스북에 홍보용 페이지를 하나 개설해서 재밌고 짤막한 동영상을 올리는 용도로 운용했는데, 그 페이지의 '좋아요' 광고를 하는 데 10만 원가량을 썼다. 그래도 그 10만 원으로 3,000개의 '좋아요'를 모았으니 비용 대비 효과는 좀 본 듯했다.

앱 출시를 앞두고 앱 네이밍과 관련해서도 10만 원 정도가 소비되었다. 처음에는 기획자가 추천한 '예능의 신'을 비롯하여 '예능 다시보기', '요즘예능' 외 몇몇 후보명이 있었다. 하지만 우리가 우긴다고 그 이름이 좋은 것은 아닐 터. 그래서 앱 이름 짓는 것도 나름 과학적으로 하고 싶었다. 우선 '예능' 키워드와 관련하여 네이버 검색광고 단가가 높은 키워드를 몇 개 추려내고, 그중에서 네 개 후보군을 뽑아 페이스북 페이지에서 투표 이벤트를 열었다. 이 이벤트에 10만 원이 소요되었고, 거기에서 뽑힌 '요즘예능'과 '예능의 신' 두 가지를 놓고 고민하다가 최종적으로는 실제 검색 유입이 많을 것으로 판단되는 '요즘예능'으로 정했다. 검색할 때 보면 '요즘 뜨는 예능은?' 아니면 '요즘야동' 등의 검색어가 많은데 우리 앱 이름은 행여 야동을 검색하기 위해 '요즘ㅇ'까지만 입력해도 자동 검색어 완성으로 '요즘예능'이 뜰 수 있도록 잔머리를 살짝 굴린 것이다.

3개월간 카페24의 서버 비용 10만 원, 앱 출시일에 맞춰 진행한 앱 프로모션 광고에 5만 원을 집행하고도 15만 원이 남았다. 그 잔여금액은 2014년 한 해의 서버비로 나갔다. 이 정도면 알뜰하게 쓴 셈인가?

앱 홍보

스타트업은 돈이 없다. 하지만 앱이 나왔는데 그 존재를 대중에게 알리지 못하는 것은 더 비극이고, 알리지 못하고 사라지게 만드는 것은 최악이다. 그렇기에 제품이든 서비스든 일단 만든 뒤에는 어떤 수단을 써서라도 그것을 세상에 알려야 하는데, 제일 좋은 방법은 자연스레 언론매체를 타게 하는 것이다.

그러니 앱 출시일이 다가오는 시점이 되면서 이것을 어떻게 알릴지 고민이 되었던 것은 당연했다. 그래서 내가 스타트업 관련 글 연재도 하고 친하게 지냈던 스타트업 미디어인 플래텀에 연락했다.

"손 이사님, 잘 지내시죠?"

"네, 이 대표님. 매번 좋은 글 연재해주셔서 감사합니다."

"저도 감사드리죠. 제 글을 멋지게 편집해서 실어주시니까요. 실은 다른 게 아니고, 이번에 제가 앱 하나를 출시해요."

"아니, 이젠 앱까지 만드세요?"

"그냥 후배들과 모여 놀면서 시작한 프로젝트인데 곧 출시를 앞두고 있거든요. 이거 홍보할 방법이 없을까 해서 연락드렸지요."

"당연히 도와드려야죠. 무슨 내용으로 가면 좋을까요?"

"저도 고민해봤는데요, 예능 관련 앱인데 두 달 반 만에 100만 원도 안 들이고 출시하는 겁니다. 린 스타트업 방법론에 따라 슬림하고 빠르게 제작한 거라 이런 린 스타트업의 사례를 강조하는 쪽으로 방향을 잡으면 재밌을 것 같아요."

"와우, 대단하십니다. 사실 스타트업 창업자들이 무턱대고 돈 많이 들여서 서비스를 만들었다가 나중에 회복이 안 되는 경우가 많은데 스타트업에게도 이런 실제 사례를 들려주면 좋을 것 같아요. 게다가 벤처캐피털 대표가 직접 창업에까지 참여했다고 하면 주목을 받을 것 같은데요."

"기사거리는 좀 되겠죠? 하하. 아무튼 좋게 봐주셔서 고맙습니다. 그럼 어떻게 진행할까요?"

"인터뷰 질문지 써서 보내드릴 테니 알아서 작성해서 보내주세요."

"네, 고맙습니다."

그렇다. 인터뷰는 내가 그냥 쓰는 것으로 끝났다. 짜고 치는 고스톱 아니냐고? 원래 인터뷰는 짜고 치는 것이다. 그러니 넘 고깝게 생각하지 마시라. 질문지를 작성해서 이메일로 보냈더니 바로 플래텀 사이트에 멋진 사진과 함께 기사가 올라왔다.

그리고 1주일 뒤, 플래텀에 실린 기사가 포털사이트 다음의 첫 화면에 실리면서 글 조회수도 올랐고 다운로드도 급증했다. 그 덕분에 출시 시기에 맞춰 앱을 알리는 것은 일단 성공이었다. 물론 그 기사의 링크를 따서 페이스북과 트위터를 도배한 것은 당연한 수순이었고, 그에 그치지 않고 잘 아는 친구와 후배들에게 전화해서 '요즘예능'을 강제로 깔게 한 뒤 별점과 리뷰를 남기게 하는 것은 애교 수준이었다. 이런 것도 안 하는 스타트업 대표는 자질 자체를 의심해봐야 될 것이고.

수익모델

커뮤니티나 콘텐츠 서비스는 수익모델을 잡기가 참으로 어려운데, 그 이유는 일정 트래픽을 확보하기 전까지는 별로 붙일 만한 수익모델이 없기 때문이다. 그러면 출시 때부터 수익모델을 붙이는 것과 나중에 붙이는 것 중 어느 쪽이 나은지를 항상 고민하게 되는데, 우리라고 예외는 아니었다. 그래서 팀원들과의 협의를 통해서 '첫 출시 때부터 수익모델을 붙여서 가자'는 결론에 도달했다.

첫 번째 수익모델은 앱 하단에 광고를 붙이는 것이었다. 지금 애드믹서AdMixer엔 카울리Cauly, 애드몹AdMob 등 네 개가 팽팽 돌아가고 있다. 무료 앱을 출시하더라도 나중에 광고를 붙이는 것보다는 처음부터 붙이고 가는 편이 고객 저항감이 덜하다. 뭐 100만 원도 안 들인 앱이지만 할 건 다 해봤다.

두 번째 수익모델은 유료 콘텐츠 소비에 따른 일정 정도의 로열티 혹은 수익배분이다. 이것은 유저가 늘어나고 일정 트래픽이 생기면 당연히 원原 방송 콘텐츠 제공사에 그 트래픽을 몰아주면서 가능해질 것 같다.

세 번째 수익모델은 카테고리의 확장이다. 예능 콘텐츠에서 드라마 및 영화 콘텐츠로 확장하는 것이 그 첫 단계고, 두 번째 단계는 일본, 중국, 미국 등 해당 국가의 콘텐츠로 이런 큐레이션을 만드는 것, 그리고 마지막인 세 번째 단계는 국내 콘텐츠를 해외에 번역해서 서비스하는 것이다.

하지만 일단 지금은 광고만 붙이고 있다. 언제 세 번째 수익모델까지 갈 수 있을까.

앱 트래픽 분석

현대 경영학의 구루인 피터 드러커Peter Drucker는 '측정할 수 없다면 관리할 수 없다'라는 유명한 말을 남겼다. 맞는 말이다. 앱 서비스에 있어서도 측정할 수 없으면 배울 수도, 마케팅을 할 수도, 문제점을 개선할 수도 없다. 아무리 허접한 100만 원짜리 앱이라 해도 측정하고 배워야 최소존속제품으로서의 의미가 있는 것이다. 그래서 당연히 우리 앱에도 구글의 애널리틱스Analytics를 붙였다.

우리가 주목한 것은 방문자 수와 평균 방문시간이었다. 앱을 론칭한 지 한 달이 경과한 시점에서 1일 순방문자 수daily UV는 1,000명을 넘어섰고, 우리 앱에 머문 시간은 5분 가까이 되었다. 콘텐츠 서비스를 하는 입장에서는 아주 고무적인 수치였다. 우리 앱의 가능성을 조금 엿봤다고나 할까? 아무튼 좋았다.

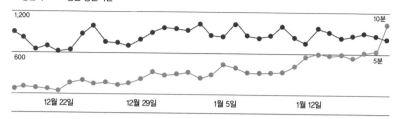

12월 22일	12월 29일	1월 5일	1월 12일

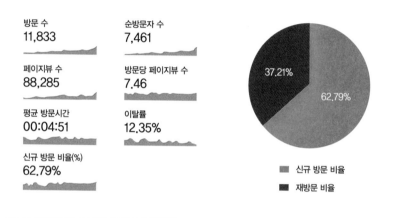

방문 수
11,833

순방문자 수
7,461

페이지뷰 수
88,285

방문당 페이지뷰 수
7.46

평균 방문시간
00:04:51

이탈률
12.35%

신규 방문 비율(%)
62.79%

37.21%

62.79%

■ 신규 방문 비율
■ 재방문 비율

['요즘예능' 론칭 1개월간의 주요 지표]

6 뜻하지 않은 투자유치,
    그리고 창업의 길로

'요즘예능'을 론칭한 직후인 2014년 1월 초, 오래전부터 알고 지내던 게임회사의 D대표님을 어느 술자리에서 만났다. 그 회사의 최근 투자유치 얘기도 하면서 분위기가 무르익어가던 중, 무심코 내가 만든 앱 얘기가 나왔다.

"대표님, 제가 최근에 '요즘예능'이라는 앱을 하나 출시했어요."

"무슨 앱인데요?"

"한번 보시겠어요? 사실 안드로이드 버전만 론칭해서 앱스토어에는 없지만, 웹앱으로 만들었기 때문에 아이폰에서도 주소를 치면 볼 수는 있어요."

"아, 그래요? 한번 열어서 보여주세요."

D대표님에게 앱을 보여주며 간단한 설명까지 곁들이자 대번에 반응이 온다.

"이거 내가 1억 투자하면 안 돼요?"

"에이, 1억이요? 100만 원짜리 앱인걸요. 돈이 필요한 것도 아니고요."

"아니에요. 이거 괜찮을 것 같아요. 일본에 갖고 가면 먹힐 것 같단 생각이 팍 드는데요?"

"일본이요?"

"네, 일본에 오타쿠성 예능 프로그램이 많잖아요. 그거 모아서 보여주면 사람들이 꽤나 좋아할 것 같아요."

"투자받으려면 법인 설립도 해야 되잖아요. 그런데 당최 귀찮은 데다 다른 할 일들도 많아서……."

"투자하면서 만날 훈수만 두셨으니 이번에는 직접 한번 해보세요. 이 대표님 믿고 1억 그냥 드릴게요. 밸류도 이 대표님이 알아서 정하시고요."

"정말이요? 음……. 만약 받는다면 밸류는 프리로 10억 하겠습니다. 그리고 보통주로요."

"뭐, 괜찮네요. 그럼 계약서도 알아서 써서 보내주십시오. 하하!"

"그런데 아직도 법인 설립하는 게 맞는 건지를 잘 모르겠네요. 하여튼 좋게 봐주셔서 감사드립니다. 하하!"

기분이 좋았다. 집으로 돌아오면서 카톡으로 팀원들에게 알렸더니 다들 좋아라 한다. 나도 '그래, 이번에 법인 한번 설립해봐?' 하는 생각이 들었다. 그러려면 팀원들, 그리고 누구보다 기획자 A를 설득해야 했다.

그로부터 한 주 후 어김없이 찾아온 월요일 밤, 우린 매봉역 부근의 '스시생'에 모였다. 내가 먼저 말문을 열었다.

"우리가 모여서 일한 지도 벌써 3개월이 넘었네. 두 달 반 만에 앱도 출시하고. 요즘엔 수치도 잘 나오더라."

"그러게요, 형님. 이러다 100만 원 본전은 금방 뽑겠는걸요. 하하!"

"그나저나 기획자, 너 내가 1억 끌어오면 창업할래? 1억이면 너 기본 연봉은 챙겨갈 수 있잖아. 나머지 팀원들은 어차피 자기 직장 다니면서 이렇게 가상의 팀virtual team으로 일하면 되고."

"저도 창업은 하고 싶은데 그게 영 쉽지 않아서요. 일단 와이프 허락 좀 받아볼게요."

"잘 생각해봐라. 더 늙기 전에 하고 싶은 거 해봐야지. 게다가 네 와이프는 좋은 직장에 다니잖아. 그러니 당장 경제적으로 어려워질 것도 없고."

"네, 고민 좀 해보고 다음 주에 알려드릴게요."

"좋은 쪽으로 생각해봐. 인생 한 방이다."

"네……."

일단 그날은 그렇게 헤어졌다. 1주일 후에 과연 기획자가 어떤 결단을 내릴지 궁금했다. 화, 수, 목요일이 지나고 금요일엔 사랑하는 후배

번개장터(퀵켓)의 장영석 이사를 만났다. 짜슥, 네이버에 멋지게 엑시트 exit 했다고 이번엔 자기가 한잔 사준단다. 우선 양재역에서 만나 함께 안양에 있는 한 감자탕 맛집으로 향했다. 버스나 전철 타기가 번거로워 택시를 탔는데 금요일 저녁이라 그런지 길이 무지 막혔다. 차 안에서 '요즘예능' 관련 얘기가 자연스레 나왔다.

"이 대표님, 이번 주에 A가 절 찾아왔어요."

"그래? 무슨 일로?"

"1억 투자 받으신다면서요. 그 돈이면 자기가 회사 그만둬도 될지 묻더라고요."

"그래서 뭐라고 얘기해줬는데?"

"5,000만 원이면 나오지 않는 것이 맞을 수도 있겠지만 1억 원은 큰 돈이라서 잘하면 2년도 버틸 수 있다. 그러니 무조건 나와야 된다. 한번 해보시라. 뭐 이렇게 얘기했죠."

"잘했다. 그런데 네 생각엔 정말 A가 회사 관둘 것 같다?"

"안 나올 것 같아요."

"내 생각도 그렇긴 해. 그럼 내기 한번 해볼까?"

"네, 대표님. 그런데 전 A가 회사 안 나온다는 쪽에 5만 원 걸게요. 하하!"

"야, 그건 너무 뻔한 내기잖아? 하하!"

그렇게 우린 감자탕을 안주 삼아 멋진 저녁을 즐겼다. 그리고 주말을 보내고 논현역 부근 영동시장의 '함지곱창'에서 우리 팀이 다시 모였다. 그날은 오후까지 눈이 무척 많이 내렸다. 날도 추웠고. 뭔가 긍정적인 답변을 기대할 수 없을 것 같은 기운이 서려 있었다고나 할까? 눈 온 후 길거리는 질퍽질퍽했지만 그래도 곱창집 안은 북적북적했다. 소맥 폭탄이 몇 잔 돈 뒤 본격적인 얘기가 시작된다.

"야, 회사 나오는 거야?"

"아뇨, 형님. 힘들 것 같습니다. 집에서 많이 얘기해봤는데, 와이프가 자기 눈에 흙 들어가기 전까지 창업은 절대 안 된다고 하네요."

"헉, 뭐 눈에 흙 들어갈 정도까지야……."

"그리고 저흰 두 아이 모두를 영어유치원에 보내야 해서 돈도 많이 들거든요."

"그래, 알았다. 그럼 내가 대주주 돼서 한번 계속해보면 어떻겠니? 넌 마이너로 남고."

"저는 형님이 해주신다면야 감사하죠."

"그럼 내가 하는 걸로 구조를 짜볼게. 대신 기존에 정했던 지분율은 다 바꿀 거다. 불필요한 부분은 정리하고, 엔젤 투자자도 다시 만나서 확답도 받고."

"네. 그나마 계속할 수 있어서 다행이네요."

"그래도 우리 앱은 DB가 생명이니 네가 계속 도와줘야 해. 안 그럼 나 못한다. 알지?"

"당연하죠, 형님."

그다음 주, 다시 만난 D대표님은 후배라는 분을 한 명 데리고 나왔다. 서로 편하게 세상 돌아가는 얘기를 하다가 자연스레 '요즘예능' 앱을 꺼내서 보여주게 되었는데 옆에서 듣고 있던 그 후배도 500만 원을 투자하고 싶단다. 뭐, 안 될 것도 없지. 그래서 투자금은 순식간에 1억 500만 원이 되었다.

뭐, 이런 거다. 사업계획서도 공식 IR도 없었지만 웹앱 하나 보여준 것만으로 법인 설립 전에 1억 원이 넘는 돈을 투자받았다. 그것도 회사 가치 10억으로. 막판에 프리 10억에서 포스트 10억으로 바뀌긴 했지만 그런 변동은 애교 수준이라 할 수 있다.

최초 1억 원을 투자받는 데 걸린 시간은 30초, 단 30초 안에 결정났다.

7 법인 설립,
이젠 실전이다

창업교육을 할 때마다 나는 '창업 시의 가장 큰 어려움은 무엇일까요?'라는 질문을 던지곤 한다. 대부분의 창업자와 예비 창업자들은 자금확보(투자유치)가 가장 어렵다고 답하는데, 그 답을 들으면 난 다시 묻는다. '가족 설득은 다 되신 건가요?'라고.

최근의 스타트업은 우호적인 창업 생태계 덕분에 큰 자금 없이도 창업이 가능해졌다. 특히 린 스타트업 개념의 도입은 적은 비용으로 제품이나 서비스를 출시하여 시장에서 빨리 점검해볼 수 있는 방법론을 제시해준다. 그렇기에 내가 생각하는 창업의 가장 큰 어려움은 투자유치가 아니라 더 근원적인 부분, 즉 '가족 설득'이다. 내 경우에도 와이프를 설득하는 것이 제일 어려웠으니까.

어쨌든 투자까지 받았으니 이젠 법인을 설립해야 한다. 사실 법인 설립은 사업 아이템 확보, 팀 구축(특히 개발자 확보), 간단하지만 아주 기본적인 기능이 구현된 아이템('요즘예능' 앱) 출시, 투자금 확보 등이 완료된 시점에 해도 늦지 않다. 아니, 적어도 모바일 비즈니스를 하려면 이렇게 해도 좋을 듯하다. 법인 설립을 빨리 해봤자 사무실 임대료, 세무회계 비용, 부가세/법인세 신고 등 법인유지 비용이 적지 않게 들어가기 때문이다. 혹 도움이 될까 싶어 내가 그 과정에서 겪었던 경험을 풀어본다.

지분 재조정

2014년 1월 27일 월요일 저녁 7시, 양재역 맛집인 '강촌원조주꾸미'에 우리 팀이 모였다. 당연히 소맥이 몇 잔 돌았다. 산주꾸미에 미나리를 잔뜩 넣지만 전혀 맵거나 자극적이지 않은 요리를 즐기며 법인 설립에 대한 이야기가 본격적으로 시작됐다.

지분은 내가 60%, 기획자 A와 서버개발자 B가 각각 15%, 그리고 클라이언트 개발자 C가 10%를 갖는 것으로 정리했다. 포스트 10억 밸류로 1억 500만 원의 투자가 들어오는 것도 감안하여 투자 후 자본금 규모가 100만 원이 되게끔 시뮬레이션해서 지분 테이블을 만들어보니, 그렇게 하려면 투자 전 설립자본금을 89만 5,000원으로 해야 했다. 그래서 액면가는 500원으로 해서 설립 시 1,790주를 발행하기로 결정했다.

1차로 이런 지분 구조를 짜서 팀원들에게 이메일로 보내고 잠시 있으려니 전화벨이 울린다. 서버개발자 B다.

"형, 어제 집에 가는데 밤늦게 C한테서 전화가 왔어요. 한 시간 넘게 통화했지 뭐예요."

"왜? 무슨 일 있어?"

"지분 말이에요. 사실 클라이언트 개발이 시간도 제일 많이 걸리고 힘든데 왜 자기는 지분이 5% 적냐는 거였어요. 자기도 저나 A와 같은 비율로 해달라고 하는데, 이거 어쩌죠?"

"사실 C가 제일 고생한 건 맞지. 안 주기도 그렇고. 넌 어떻게 생각하니?"

"저도 저희 셋의 지분은 똑같이 가는 것이 좋을 것 같아요. A만 동의한다면 말이죠."

"그래, 알았다. 내가 A랑 얘기해보고 연락해줄게."

잠시 고민해보았다. 클라이언트, DB, 서버 중 어느 하나 안 중요한 것이 없지만 개발만 놓고 본다면 클라이언트 개발자의 부담이 제일 크다는 것은 맞는 말이다. 가뜩이나 우리는 가상의 조직이고, 세 명의 개발자 다 우리나라 최고 수준의 인력이 아니던가. 그래, 믿고 가자. 그래도 A에게 전화하기 전에 먼저 풀 것은 풀어야 할 것 같아서 곧바로 C에게 전화를 걸었다.

"후배님, 개발하느라 고생 많았지?"

"아, 뭐, 그렇죠."

"B한테서 얘기 다 들었다. 고생도 제일 많이 한 걸 아는데 내가 변변히 신경 못 써줘서 미안하네."

"아니에요. 괜찮습니다."

"그래서 지분을 동등하게 맞춰줄까 하는데……."

"그렇게 해주신다면 저야 감사하죠. 그런데 괜히 미안하고 쑥스럽기도 하네요."

"아니야. 원래 정한 룰대로 그냥 가면 되겠거니 지레 짐작하고 진행한 내 잘못도 크지. 구도가 바뀌었으면 그것도 고려했어야 했는데……. 미안해. 앞으로 우리 잘해보자고."

"네, 알겠습니다. 대표님."

"그럼 내가 A랑도 통화해보고 다시 알려줄게."

기획자 A에게 전화해서 자초지종을 설명했다. A는 본인이 이 서비스를 1년 반 전부터 기획했고 DB도 모았으며 앱 론칭 후에는 매일 운영도 하고 있지 않냐며 약간 서운한 감정을 드러낸다. 나도 공감했다. 가뜩이나 이 친구는 본인의 서비스에서 대주주, 대표가 될 기회를-비록 자신이 결정한 것이지만-놓치지 않았던가. 그러니 그런 A의 마음도 다독거리고 위로해줘야 했다. A가 잠시 생각할 시간 좀 달라고 해서 그러겠노라 하고 전화를 끊었다. 얼마 지나지 않아 다시 전화가 왔다.

"형님, 대의를 위해 우리 셋은 동등하게 가는 것으로 하시지요. 팀이 깨져서는 안 되잖아요."

"그래, 고맙다. 네 마음 잊지 않을게. 우리 함께 더 큰 가치를 한번 만들어가보자고."

자, 그럼 이 세 개발자의 지분을 어떻게 맞춘다? 엑셀 시트를 열어놓고 다시 시뮬레이션을 해봤다. 셋의 지분율을 15%로 동등하게 맞추면 내 지분이 55%가 되고, 그렇게 된다면 엔젤 투자 후에는 49%대로 떨어져버린다. 음…… 고민이 된다. 엔젤 투자 후에도 50%를 넘겨야 주도적으로 의사결정을 할 수 있을 텐데. 그래서 14%씩 주는 것으로 시뮬레이션을 해보니 투자 후에도 내 지분은 52%가 된다. 그럼 14%로 가면 된다. 그런데 이렇게 결정할 수 있는 논리가 필요했다.

이러면 될 듯 싶었다. A와 B가 자신의 지분 15%에서 각각 1%씩 떼고 내가 2%를 떼어서 C에게 주면 C는 기존의 10%에서 14%로 오르게 된다. 다시 전화를 걸어 이렇게 진행하면 어떻겠냐 하니 다들 동의한

Shareholders	Shares_Before	%	Increase	Shares_After	%	Remarks
대주주	786	43.92%		786	39.30%	Wife
이희우	251	14.02%		251	12.55%	
기획자 A	251	14.02%		251	12.55%	
서버개발자 B	251	14.02%		251	12.55%	
클라이언트 C	251	14.02%		251	12.55%	
Angel D		0.00%	200	200	10.00%	엔젤투자자
Angel E		0.00%	10	10	0.50%	엔젤투자자
Total	1,790	100.0%	210	2,000	100.0%	

Pre-Money	₩ 895,000,000		1주당 50만 원
Investor	Amount	Shares	
Angel D	₩ 100,000,000	200	
Angel E	₩ 5,000,000	10	
Total	₩ 105,000,000	210	
Post-Money	₩ 1,000,000,000		

[최종 정리된 '요즘예능' 관련 법인의 지분율]

다. 그렇게 정리된 지분 테이블은 아래와 같다. 그런데 왜 대주주와 이희우로 나눠 있냐고? 그건 대주주를 와이프로 내세웠기 때문이다. 그냥, 와이프 용돈 좀 벌게 할 생각으로. 흐흐흐.

회사명 결정과 사업자 등록

주꾸미 집에서 나오면서부터 회사명에 대해 계속 고민해봤다. 처음에 기획자 A가 정한 이름은 '스파게티블루'였다. 음식 이름과 색깔을 넣어서 회사명을 하고 싶었다나. 그게 요즘 트렌드라고. 카카오가 떠서 그런가? 아무튼 발상 자체는 나쁘지 않았지만 '블루blue' 라는 단어의 어감이 왠지 어눌했다. 그래서 다른 이름으로 바꾸려고 논의를 하는데 마땅한 이름이 떠오르지 않는다.

그런 생각을 계속하면서 걸었는데, 거의 집에 다다를 무렵에 '월요일마다 모여서 술 마시는 모임'이라는 이름에 걸맞는 것이 하나 떠올랐다. 이름 하여 먼데이펍Monday Pub. 이내 팀원들에게 보냈다. 원래 우리가 가볍게 시작했던 일이었으니 회사 이름도 가벼운 것이 좋을 듯 싶었다. 모두 새 이름에 공감한다. 애니팡으로 유명한 '선데이토즈'의 이름을 따라한 것 같은 아쉬움은 있었지만(실제로 선데이토즈는 일요일마다 '토즈'라는 카페에서 모여 창업했기에 회사명이 그렇게 지어진 것이다).

회사명이 정해졌으니 이젠 법인 등기와 사업자등록 절차가 남았는데, 대주주를 와이프 이름으로 하려면 와이프의 허락을 받아야만 했다. 와이프는 '이번엔 무슨 뻘짓을 하려고 내 인감까지 빌리려는 거냐'며 나를 잠시 구박했지만 '너 돈 벌게 해주려고 그런다'고 대답했더니 순순히 인감을 내준다.

2014년 2월 4일. 자본금 등기를 하기 위해 대주주인 와이프 이름으로 회사 부근의 외환은행에 계좌를 하나 트고 그 계좌로 89만 5,000원을 송금한 뒤 잔액증명서를 발부받아 등기서류를 접수했다. 자본금 89만 5,000원보다 많은 95만 원이 등기비용으로 나가는 것을 보니 '쩝, 세금을 이리 많이 떼면 자본금을 축소시킨 의미가 별로 없잖아?' 싶다.

사업자등록은 법인등기가 나온 2월 7일에 신청했다. 대표이사가 나로 되어 있었기 때문에 내 공인인증서만 있으면 웹상에서도 사업자등록 신청이 가능했다. 야호! 우리나라 좋은 나라! 인터넷 선진국 대한민국!

그런데 그게 아니다! 공인인증서만 있으면 되는 것이 아니었다. 액티브 X, 보안 모듈 등 이것저것 깔다 보니 인내심은 한계에 도달했고, PC는 이미 걸레가 됐다. 게다가 신청 과정 중에도 정해진 시간 내에 정관, 주주명부 등의 자료를 업로드하지 못하면 기존에 작성했던 자료가 모두 날아가버렸다. 사업자등록 신청은 이런 고도의 심신수련 과정을 거치고 나서야 완료되었다. IDG 법인을 설립할 때에는 비서에게 이런 일을 시켰는데, 먼데이펍은 그러기도 애매해서 내가 직접 했더니 무지하게 고되다. 그래도 세무서에 직접 가지 않은 게 어디냐.

그로부터 1주일 후인 2월 14일, 서초세무서에서 사업자등록증이 발부되었다.

투자유치 마무리

누구는 공부가 제일 쉬웠다고 했지만, 내게 제일 쉬운 것은 투자유치였다. 나더러 재수 없다고 하는 사람이 더 늘겠지만 그래도 밥 먹고 한 짓이 투자인데, 다른 사람도 아닌 내가 그걸 못한다면 그것도 말이 안 되는 거다.

사실 신경 쓸 것이 하나도 없었던 것은 아니다. D대표님은 나더러 계약서를 작성해서 보내라고 했는데 내가 주로 쓰는 신주인수계약서는 너무나도 빡빡했다. 돈을 받는 입장이 되어서 보니 그런 계약서는 도저히 못 쓰겠더라. 그렇다고 아는 사람에게 보통주 계약서를 부탁하기도 거시기해서 누구에게나 항상 친절한 구글에 물어보니 곧바로 엔젤투자계약서가 걸려들었다. 여섯 페이지짜리 보통주 계약서를 입수해서 그 안에 있던 '진술과 보장' 'IPO 의무이행' '손해배상' 등의 조항들을 다 삭제하니 세 페이지로 줄어든다. 그것으로 계약서(안)을 만들어 D대표님에게 보냈더니 계약이 체결됐고, 1주일 후에는 투자금이 입금되었다.

밀린 개발비 지급

투자금도 들어왔으니 주말도 잊은 채 개발에 동참했던 팀원들에게 일정 보상을 해줘야 했다. 그런데 어떤 방식으로 지급하는 것이 좋을지 고민스러웠다. 실수령액이 많이 지급되는 방식을 택하기 위해 세무사 및 주위 친구들에게 물어보았더니 '기타소득'으로 처리하는 방법이 있단다. 외주용역 계약을 맺고 기타소득으로 처리하면 80% 정도의 필요경비가 인정되기 때문에 그 용역비의 20%에 해당되는 금액만 실제 세금으로 내게 된다. 전체 용역금액을 기준으로 보면 총 4.4%의 세금을 내는 셈이다. 급여 혹은 상여금으로 처리하면 4대보험 가입부터 소득세, 주민세까지 낼 것들이 많기 때문에 이런 방식을 택한 것이다.

그러려면 개발자들 중 누구도 직원은 물론 등기임원이 되어서는 안 되었기 때문에 부득이하게 나와 와이프 이름을 등기임원에 올렸다. 추후 필요하다면 용역비 지급 후에 임직원으로 채용하면 된다. 대표이사가 급여를 가지고 가지 않는다면 4대보험을 신고할 필요가 없으므로 초기에 돈을 아끼려면 '대표이사 급여를 0으로 한다'고 이사회에서 결의만 해두는 방법을 사용하는 것도 좋다. 사업이 본격적인 궤도에 오르기 전까지 이런 방식으로 비용을 최소화해서 슬림하게 가다가 큰 투자 유치가 들어오면 그때 헤쳐 모여도 된다. 개인사업자로 있다가 법인등록을 하게 되는 스타트업이라면 이 방식을 참고로 해두자.

네이티브 앱으로

웹앱에서 가능성을 확인했으니 이젠 본격적으로 네이티브앱으로 전환할 시점이 왔다고 판단되었다. 또한 안드로이드뿐 아니라 아이폰에도 대응해야 될 필요성이 있었기 때문에 앱 전문 디자이너와 iOS 개발자를 구해야 했다. 마침 기획자 A의 친한 친구가 iOS 개발이 가능하다고 하니 디자이너만 구하면 될 것 같았다.

딱 떠오르는 사람이 있긴 했다. 와이프와도 아는 처자인데, 그래서 그런지 전화해서 의향을 물으니 조금 머뭇거린다. 내 와이프에게 한번 물어보겠단다. 당연히 와이프는 '결혼도 안 한 처자를 술판에 끌어들이

지 말라'며 나를 구박한다. 할 수 없이 그 처자는 일단 패스! 그럼 누구로 하지? 아하, 제주도 왕복 스타트업 위크엔드에서 만났던 F가 떠올랐다. 바로 전화를 걸었다.

"F씨, 저 이희우입니다."

"아, 네. 대표님. 잘 지내셨어요?"

"그럼요. 매번 추석, 설날 때마다 문자도 보내주시고 해서 생각나서 전화했지요."

"앗, 하하! 기억해주셔서 고맙습니다."

"제가 앱 서비스 회사 만든 거 아시죠?"

"네, 들었어요."

"우리가 이제 네이티브 앱으로 가려고 하는데 디자이너가 필요하거든요. F씨는 지금 일하고 있는 곳이 있나요?"

"아, 네. 저는 일하는 곳이 있습니다."

"그럼 누구 추천해줄 사람은 없어요? 나야 F씨가 해주면 딱이긴 한데……."

"혹시 제가 하면 안 될까요?"

"그래도 되겠어요?"

"네, 대표님과 함께 일하면 재밌을 것 같아서요. 한번 해보고 싶습니다."

그렇게 iOS 개발자와 디자이너가 추가되어 우리 팀은 총 여섯 명으로 완성되었다. 기존에 잠깐 일해줬던 CSS 코딩 친구와 타지에서 웹앱 디자인을 대충(?) 봐주던 디자이너는 눈물을 무릅쓰고 잘랐다. 어쩔 수 없지 않은가? 아무리 연약한 스타트업이라도 그 대표이사는 강단이 있어야 하기에.

8 나쁜 소식은
먼저 온다

예전에 한 벤처캐피털 모임에서 前 한국개발투자금융K-TAC 대표이사이자 한국 벤처캐피털 업계 1세대 원로이신 윤여경 회장님께서 벤처캐피털 경험에 대해 말씀해주신 적이 있다. 그분의 말씀 중 '벤처캐피털 업계의 격언'이라며 들려주신 내용이 무척 인상 깊었는데, 그래서 그런지 나는 힘들 때마다 그 말을 되새기곤 한다.

벤처캐피털은 장기투자입니다. 벤처캐피털 설립 또는 투자 초기에는 투자 대박 소식보다 망해가는 회사 소식부터 오기 마련인데, 그렇다고 위축되어서는 안 됩니다. 왜냐하면 우리는 제대로 벤처투자를 하고 있기 때문이죠. 이 업계에서는 '나쁜 소식이 먼저 오는 법Bad news comes first'이지만, 그 나쁜 소식을 통해 우리가 배울 것은 배워야 성공도 할 수 있습니다.

나쁜 소식 하나

앱 출시 1주일 후 팀원들과 앱 론칭 축하파티를 겸한 자리를 가졌다. 연말이라 일정을 빼기 어려웠을 텐데 고맙게도 모든 팀원들이 나와줬다. 아직까지 앱 다운로드 수는 초라하지만 뭔가 서비스를 론칭했다는 뿌듯함이 있었기에 처음 분위기는 좋았다. 광고매출 규모 이야기가 나오기 전까지는 말이다. 내가 먼저 물었다.

"하루 광고매출이 얼마나 나오지?"

"80원 정도 나옵니다."

"뭐, 80원? 그걸로 어떻게 돈을 버냐. 야, 이거 장난 아니네."

"그러게요. 이렇게 해서 1,000배 성장하더라도 하루 8만 원인데, 그걸로 IPO에 갈 수나 있을까요?"

"그러게 말이다. 급 우울이다."

"거 참, 앱 다운로드 늘리려고 광고를 집행해도 진성眞性 유저 한 명 모으는 데 3,000원 정도 드니 배보다 배꼽이 더 커지는 장사네요. 이거 마케팅할 필요도 없는 거 아닌가 모르겠어요."

"더 우울해진다. 우리 그냥 술이나 마시자."

정말 나쁜 소식은 먼저 오는 법인가? 다운로드 늘리려는 광고를 해도 소용이 없으니 앞이 깜깜하다. 그런데 플래폼에 실린 '요즘예능' 인터뷰가 12월 말에는 다음의 첫 화면, 1월 초에는 네이버의 첫 화면에까지 노출되었다. 그때부터 앱 다운로드가 속도를 내기 시작하더니 1월 말에는 1일 순방문자 수가 1,100명을 넘었다. 덩달아 1일 매출도 5,000원을 넘어섰고 앱 론칭 1개월이 되었을 때는 누적매출 7만 5,000원을 달성했다. 이런 추세라면 앱 제작비 100만 원은 금방 뽑을 수 있을 것 같았다.

나쁜 소식 둘

2014년 2월 6일, 구글로부터 이메일 한 통이 날아왔다. 구글 플레이 DMCA(디지털밀레니엄저작권법) 통지서였는데, 친절하게도 아래와 같이 설명되어 있었다.

귀하의 애플리케이션 '요즘예능-예능전문 TV 다시보기(패키지 ID: com.spaghettiblue.yozmshow)'가 구글 플레이스토어에서 삭제되었음을 알려드립니다.

삭제 이유: 디지털 밀레니엄 저작권법의 조항에 근거한 저작권 침해 신고

모든 위반사항에 대해 추적이 이루어집니다. 성격을 불문하고 해당 정책을 심각하게 위반하거나 반복해서 위반하는 경우에는 개발자 계정이 해지되며 관련 구글 계정에 대한 조사 및 해지로도 이어질 수

있습니다. 귀하의 애플리케이션이 구글 정책을 준수하도록 개발자 배포 계약 및 콘텐츠 정책을 검토하시기 바랍니다.

DMCA는 저작권 침해가 발생했을 경우 온라인 서비스 공급자의 책임에 대한 가이드라인을 제공하는 미국 저작권 법률입니다. DMCA에 대한 상세 정보는 여기를 클릭하시고, DMCA 신고를 위해 구글에서 요구하는 절차를 보려면 http://www.google.com/dmca.html 페이지를 방문하시기 바랍니다.

DMCA의 섹션 512(g)(2) 및 (3)에 따라 이의제기 신청서를 제출하시면 애플리케이션을 복원해드릴 수 있습니다. 이의제기 신청 요건에 대한 자세한 내용 및 샘플 이의제기 신청서를 보려면 여기를 클릭하십시오. 신고에 관한 법적인 문제는 귀하의 변호사와 상담하셔야 합니다. 구글이 접수한 침해 신고서의 텍스트 사본을 포함했으니 참고하시기 바랍니다.

구글 플레이 팀 드림

팀원들이 동요한다. 신고한 측은 SBS콘텐츠허브였는데, 그렇다고 앱이 바로 내려갈 줄은 몰랐다. 저작권을 위반했다면 우리에게 먼저 서면으로 경고한 뒤 구글 플레이에 신고할 줄 알았는데 곧바로 앱이 삭제되다니. 하지만 이럴수록 냉정해져야 하고, 신속히 대응해야 한다. 그러려면 제대로 된 상황판단이 중요하다. 우리와 유사한 서비스를 하는 텔레톡비Teletalkvi의 대표에게 전화해보니 유튜브를 활용하여 방송사 콘텐츠를 서비스하는 앱들이 그날로 모조리 삭제되었단다. 그래도 우린 다른데.

우리 서비스의 본질을 생각해보았다. 우린 유튜브의 링크 정보만을 모아서 유저들이 쉽게 볼 수 있게끔 하는 서비스다. 이어 유튜브의 정책과 구글 플레이의 이의신청 절차에 대해서도 파악한 후 그다음 날 곧바로 이의신청을 접수시켰다. 그것도 폼 나게 영어로 작성해서.

To whom it may concern,

To explain a little about how our app is designed, the videos that are being served via this app are not hosted by ourself and are all on YouTube. Videos in our app are actually external links that will take users to the official YouTube app and all playbacks+monetization happens in the YouTube app. We strictly follow the TOS of the YouTube API on using these in our app. And also, the videos that SBS claims to be infringing copyright are actually videos that SBS had uploaded to YouTube to their own official YouTube Channel, and we take caution that we only take such videos that the actual copyright holders uploaded. Please let us know in detail in what we might have been doing wrong, so that we can take whatever action necessary to solve this issue. Feel free to contact us for any questions you may have. Hope this issue can be solved soon and we can start serving our users and promoting your videos via our app.

Yours Sincerely, Matthew Lee (이희우)

아래는 위의 영문 메일을 번역한 것이다.

관련자분들께.

우리 앱은 유튜브상에 올라온 동영상들을 대상으로 서비스하는 것이므로 우리가 직접 동영상을 올릴 수 없습니다. 우리 앱의 동영상들은 공식적인 유튜브 앱에서 재생되는 아웃링크의 형태이며, 동영상의 재생과 수익화 또한 유튜브 내에서만 가능합니다. 우리는 우리 앱에서 동영상들을 사용함에 있어 유튜브 API 규정을 엄격히 따르고 있습니다.

또한 SBS방송국이 저작권 위반 소지가 있다고 이의를 제기한 동영상들도 SBS가 그들의 공식 유튜브 채널에 업로드한 것이고, 우리는 실제 저작권자가 올린 동영상들만 신중하게 이용해왔을 뿐입니다.

우리가 뭔가 잘못한 것이 있다면 좀 더 자세하게 알려주시기 바랍니다. 그래야 이런 이슈를 해결하는 데 필요한 어떤 조치라도 취할 수 있을 것입니다. 혹 문의사항이 있으시면 언제든지 연락 주십시오.

아무쪼록 이번 이슈가 잘 해결되어 우리 앱을 통해 귀하의 동영상이 홍보되고 우리 사용자들에게도 조속한 시일 내에 서비스되기를 소망해봅니다.

이희우 드림

이의신청을 했는데 구글에서 답이 없다. 그렇게 또 몇 주가 지나갔다. 네이티브 앱도 개발해야 하는데 일이 손에 잘 안 잡힌다. 무엇보다도 직원들의 사기가 떨어진 것이 걱정이다. 그러던 중 3월 초 구글로부터 답신이 도착했다.

Hello,

Thanks for reaching out to us.

We have received your DMCA counter notification. As described in 17 U.S.C. 512(g), we will forward the counter notification to the complainant. If we do not receive notice that the complainant has brought a court action within 10 to 14 days, we will reinstate the material in question. We appreciate your patience in this process.

Regards, The Google Team

[번역]

안녕하세요.

구글에 연락 주셔서 감사합니다.

저희는 미국 저작권법상의 이의제기를 접수했고 저작권법 U.S.C 512항에 의거, 상대방에게 귀하의 이의제기 내용을 보냈습니다. 상대방으로부터 10~14일 내에 법적소송 내용을 담은 추가 이의가 제기되지 않는다면 저희는 그 문제의 자료를 복원할 계획입니다. 이런 진행 과정을 참고 기다려주심에 감사드립니다.

구글 팀 드림

역시나 좋은 소식은 나중에 오는 법이다. 그런 날이 올 것이라 굳게 믿고 네이티브 앱 개발에 정진해준 팀원들이 고맙다. 이젠 보다 떳떳하게 사업을 키워나갈 수 있을 것 같다. 그리고 바로 디자이너에게 전화를 했다.

"명함 하나 파야 할 것 같아요. 디자인 좀 부탁할게요."

그리고 며칠이 지난 3월 18일 아침, 나는 아래 내용의 이메일을 받았고 우리 앱은 되살아났다. 우회로가 아닌 정공법은 역시나 통한다는 것을 다시 한 번 느꼈다.

안녕하세요.

연락 주셔서 감사드립니다.

귀하가 보낸 이의제기에 따라 우린 구글 플레이 스토어에서 아래의 앱을 정히 복원시켰습니다.

앱: 요즘예능

구글 팀 드림

나쁜 소식 셋

2014년 3월 초, 지난해에 투자했던 안드로이드폰 배터리 공유 서비스 '만땅'의 마이쿤Mycoon에서 월례회의가 열렸다. 공동투자자인 본엔젤스의 강석흔 이사가 먼저 도착해 있었다. 가벼운 인사 몇 마디를 주고 받은 뒤 본격적으로 지난달의 실적 및 향후 계획에 대한 얘기가 시작됐다. 마이쿤은 최근 새로운 서비스를 준비하고 있는데 그 서비스명을 정하기 위해 고심하는 듯했다. 마이쿤의 최혁재 대표가 입을 연다.

"서비스명을 '오아시스'로 하려고 했는데 일반명사라 상표권 등록이 안 된다네요."

"그럼 또 다른 후보로 생각해두신 것이 있나요?"

"네, P**로 정할까 합니다. 디자인 시안도 나왔으니 한 번 보시죠."

그리고 잠시 후 내가 말을 꺼냈다.

"회의 중에 죄송한데요, 원래 앱 출시하려면 상표권 등록을 해야 하나요?"

"해야죠. 안 하면 상표권자가 공격할 시엔 바로 내려갈 수도 있어요."

"전 구글에선 동일한 이름도 앱 등록이 되어서 앱은 별 문제가 없는 줄 알았죠."

"그렇긴 하지만 구글에 원 상표권자가 트레이드 마크 이의제기를 하면 바로 내려갑니다. 티켓몬스터Ticket Monster도 도메인은 있었는데 상표권이 없어서 되사는 소동을 벌였잖아요."

"아하, 그렇군요. 고맙습니다. 요즘엔 제가 투자자인지 창업가인지 헷갈려요. 오히려 창업가 쪽 비중이 더 큰 것 같아요. 하하!"

사무실로 돌아오자마자 우리 변리사에게 연락해서 '요즘예능'과 'Yozm'으로 상표권 등록을 부탁했다. 포털사이트 다음에서 접은 서비스명 중에 '요즘'이 있기 때문에 영문 상표권은 등록이 불가능할 것임을 알면서도 그냥 문의해본 거다. 하지만 결과는 완전 비참함 그 자체였다. 다음은 이미 '요즘'을 국문 및 영문으로 모든 소프트웨어 분야에 다 등록해놓았단다. 비록 '요즘+예능'이란 이름으로 된 것은 없지만 유저들이 '요즘'의 확장으로 여길 소지가 크기 때문에 상표권(표장) 등록 가능성은 극히 낮다는 것이 변리사의 의견이었다. 별 수 있나. 부리나케 다른 이름을 고민해야만 했다. 역시나 사업은 산 너머 산이고 모든 게 쉽지 않다. 그래도 어쩌겠는가? 그 작은 봉우리를 넘고 넘으며 앞으로 전진할 수밖에.

그다음 주 월요일, 우린 앱 이름을 놓고 또 머리를 맞댔다. 궁하면 통한다고 했던가? 너무나도 멋진 이름들이 후보로 등장했고, 그중 몇 개를 뽑아 변리사에게 문의했다. 그리고 지금은 상표권 등록이 진행 중이다.

9 보이지 않는 손

—

스타트업은 연약하다. 자금, 정보력, 네트워크 등 모든 면에서 그럴 수밖에 없다. 그래서 스타트업은 많은 도움을 필요로 한다. 자발적인 도움 말이다. 그런데 정직하게 진정성을 가지고 사업을 해나가다 보면 주위의 보이지 않는 손들이 도와주고 있음을 느끼게 된다. 더 많은 수의 보이지 않는 손들이 도와준다면 사업의 성장 속도도 빨라질 것이다. 그것은 먼데이펍도 마찬가지였다.

보이지 않는 손 하나

앞서도 말했다시피 '요즘예능'은 그냥 재미로 시작한 프로젝트였다. 뭐 지금도 그렇게 하고 있고, 그래서 명함에도 대표이사 대신 '대표 바텐더'로 쓴 것이지만. 그래도 법인까지 설립하게 된 데는 엔젤투자자 D대표님의 도움이 컸다. 그냥 나를 믿고 투자해주고 사업에 힘내라고 격려해주는 엔젤투자자, 그의 도움이 나를 움직였고 결국 창업까지 이르게 했다.

이런 것이 어떻게 가능했겠는가? 그 밑바탕은 신뢰다. 신뢰는 한순간에 생기지 않는다. 시간도 필요하고 노력도 필요하다. D대표님을 안 지는 2년이 넘었다. 투자관련 자문이 필요할 땐 아무리 바쁘더라도 그의 요청을 들어주었고, 그가 사업을 해나가는 데 있어 필요한 투자자 연결 및 중재도 해주면서 우리는 서로를 믿게 되었고 일종의 의리 같은 것도 생긴 것이다. 이런 신뢰가 있었기에 그는 내게 선뜻 거금을 투자해주었고, 나 역시 그의 그런 마음을 알기에 허투로 돈을 쓸 수가 없다.

보이지 않는 손 둘

DMCA와 관련하여 구글에서 이메일을 받은 이후, 같은 상대방이 또 하나의 무시무시한 이메일을 보내왔다. 그땐 정말 아찔했다. 법적 소송을 전제로 한 데다가 1주일 말미를 주며 답변을 요구해온 공문이었기에 더 부담스러웠다. 메일에는 아래와 같은 문구도 들어가 있었다.

해당 앱은 원 저작권자인 방송사 허락 없이 방송 영상물의 이미지 및 지적재산권을 무단으로 사용하고 있으며, 방송사 영상물의 무단 활용을 기반으로 부수의 광고수익 등 부당이익을 취하고 있는 바, 이는 엄연한 불법에 해당됨을 알려드립니다.

내용증명이라면 KTB 시절에 많이 써봤음에도 이런 공문을 받으면 잠시 머리가 멍해진다. 기획자 A에게 전화해서 어떻게 할 것인지 상의를 했다. 답이 별로 안 보인다. 점심을 먹은 뒤 혼자 가만히 생각해봐도 뾰족한 수가 떠오르지 않는다. 예전부터 알던 저작권 전문변호사가 있긴 하지만 너무 친한 사이여서 그런지 이런 문제로 연락하기가 좀 망설여졌다. 그래도 결국은 그에게 페북 메시지로 연락을 취했고, 두 시간 후에 통화를 하게 되었다. 그는 '전혀 문제 될 것이 없다'며 일단 나를 안심시킨다. 유튜브 링크를 활용한 서비스는 대법원 판례에서도 합법적이라고 알려주면서, 관련 공문과 자료를 보내면 답변서까지 작성해주겠단다.

그리고 사흘이 지났다. 그날도 월요일이라 먼데이펍 모임을 마치고 집으로 걸어가는데 답변서 공문을 내 메일로 보냈다고 연락이 왔다. 아이폰을 열어 답변서를 확인해보니 감동이 물밀듯 몰려온다. 딱딱한 법조문으로 써내려간 답변서 공문이 내게 이런 감동을 선사할 줄은 상상도 못했기에, 집으로 걸어오는 내내 그 문서를 읽고 또 읽었다.

보이지 않는 손 셋

앱을 론칭하고 얼마 되지 않았을 무렵, 기꺼이 '요즘예능' 인터뷰를 실어준 플래텀의 조상래 대표도 보이지 않는 손 중 하나였다. 그리고 내가 페이스북, 트위터에 올린 그 인터뷰 기사를 본 뒤 '좋아요'와 리트윗 등을 통해 공유함은 물론 자발적으로 앱을 다운받아 별점 5개, 앱리뷰 등을 남긴 뒤 내게 인증샷까지 보내준 지인들과 '쫄지 마! 창업스쿨'의 제자들 역시 보이지 않는 손이다. 이런 손들이 있어 먼데이펍은 더 이상 외롭지 않다.

스타트업은 이런 보이지 않는 손들의 도움으로 성장한다. 그렇기에 창업자는 평소에 인덕을 많이 쌓아야 한다. 보이지 않는 손들을 잠재적으로 많이 만들어두어야 어려움이 닥칠 때 도움을 받을 수 있기 때문이다. 보이지 않는 손들은 고객, 리뷰어, 후원군이 될 수 있는가 하면 열광적인 팬이 되기도 한다. 나도 그런 팬들과 함께 멋진 회사를 만들어가야겠다는 각오가 다시금 다져진다.

우리 앱이 되살아난 다음 날, 아침 출근 전에 집에서 페이스북에 글을 하나 올렸다. 방송사의 저작권 공격으로 당시 구글 플레이에서 해당 방송사의 동영상을 활용한 거의 모든 앱들이 일제히 삭제되었고 우리만 살아남았다. 그 사실을 나만 알고 있으면 우리 앱은 무주공산과도 같은 예능 앱 시장을 독식할 수 있었지만 그럴 수는 없었다. 나도 보이지 않는 손들의 도움을 받았는데 나만 욕심을 부려서는 안 될 것 같았기 때문이다. 그때 페이스북에 올린 글을 여기에도 실어본다.

부끄럽지만 제가 창업한 '먼데이펍'에서 만든 예능 관련 TV 다시보기 앱인 '요즘예능'이 지난 2월 법인 설립 직전 모 방송사의 저작권 이의 제기로 구글 플레이에서 삭제되었습니다.
나쁜 소식이 먼저 오는 법인가요? 암울했지만 정신을 차리고 삭제된 다음 날 바로 구글 플레이에 공식적으로 이의를 제기하고, 한 달 가까이 걸린 구글 내부에서의 지루한 검토와 상대방에 대한 여러 번의 재확인 절차(공문 공방)를 거쳐 이번 주에 다시 부활reinstate하였습니다.

아마도 이것은 방송사를 상대로, 삭제된 앱이 부활한 국내 첫 사례가 아닌가 싶습니다. 혹 유사 서비스를 하다 이런 삭제 경험을 가진 스타트업이 있다면 제 노하우를 공유하고 싶습니다(유튜브 아웃링크를 활용한 서비스는 대법원 판례에서도 합법적임).

스타트업은 연약합니다. 그래서 서로 힘을 합해야 합니다. 그리고 주위를 둘러보면 보이지 않는 도움의 손들도 많이 있으니 그런 것도 적극적으로 활용해야 합니다.

또, 위기는 기회입니다. 위에서 말씀드린 사건으로 그 많던 예능 앱들이 거의 없어진 탓에, 우리 앱은 부활 후 별도의 마케팅 없이도 다운로드가 상대적으로 크게 늘고 있습니다. 그 암울했던 한 달 반 동안 우리 팀은 포기하지 않고 기존 MVP(최소존속제품)로 출시한 웹앱을 네이티브로 개발하기 위해 준비했고, 그 결과 조만간 깔끔한 네이티브 앱 하나가 나올 예정입니다(안드로이드, iOS 모두 네이티브앱으로 나올 예정임).

점점 저도, 벤처캐피털보다는 스타트업 창업가를 닮아가고 있는 걸까요? ㅋㅋ

쫄지 말고 창업하라

스타트업은 영어로 '스타트start'와 '업up'의 합성어다. 창업의 첫걸음은 '저지름'이다. 즉, 일단 먼저 시작을 해야 하고, 그 시작start이 곧 절반이 된다. 그리고 시작을 했으면 위up로 올라가서 성공을 하는 것이 스타트업의 본질인 것 같다.

시작은 빨리 할수록 좋다. 그리고 빨리 시작해야 타격도 적다. 20대의 창업은 잃을 것이 거의 없다. 고작 몇 학기 휴학이나 취업 지연 정도랄까. 잃을 것이 없게, 혹은 잃을 것을 줄이기 위해서도 적은 돈으로 창업하고 남의 돈(대출)은 쓰지 말아야 한다.

세계 거대의 IT기업을 일군 애플의 스티브 잡스, 구글의 래리 페이지 Larry Page와 세르게이 브린Sergey Brin, 페이스북의 마크 주커버그 등도 모두 20대에 창업한 사람들이다. 그렇기에 그들이 창업한 회사는 곧 그들의 첫 번째 직장인 경우가 많다. 우리나라의 경우만 보더라도 네이버의 이해진, 카카오의 김범수, 넥슨의 김정주, 엔씨소프트NCsoft의 김택진도 20대 후반 혹은 30대 초반이라는 비교적 젊은 나이에 창업한 이들이다. 당신은 지금 무엇을 두려워하는가? 마흔 넘은 나도 하는 창업인데.

실패를 두려워해서는 안 된다. 토익 등 취업 공부에 매진하고 스펙 쌓기에만 몰두하다 보면 의외로 배우는 것이 별로 없다. 그리고 그런 스펙은 직장에서 주도적으로 일을 해나가는 데 있어서 별 도움도 되지 않는다. 스펙을 위한 스펙을 쌓기보다 창업을 하는 편이 자빠지고 엎어지면서 더 많은 것을 배우기에 훨씬 좋다. 인생도 알게 되고 말이다.

일단 시작을 했으면 슬림하고 린lean하게 가야 한다. 기름기와 군살을 빼고 빠르게 배우면서 성장한다는 것이 '린'의 개념이므로, 그런 식으로 거품을 빼고 가야 한다는 뜻이다. 멋진 사무실부터 구한다거나 더 좋은 사양의 컴퓨터로 바꾸는 등의 겉멋 들린 짓부터 먼저 해서는 안 된다. 아무리 정부 돈이 많이 풀렸다고 해도 어느 돈이든 꼬리표는 항상 있는 법이다. 상환의무가 없는 보조금이라 할지라도 돈은 무조건 아껴 쓰고 투명하게 처리해야 한다. 그렇지 않으면 나중에 그것들이 모두 부메랑으로 돌아오기 때문이다.

창업은 재미있다. 매일 매일이 전쟁이기도 하지만 그래도 그런 전쟁에서 이기며 전진할 때에는 짜릿함이 느껴진다. 어느 누가 '자신이 죽지만 않는다면 제일 재미있는 것이 전쟁이다'라고 말한 것처럼, 전쟁은 확실히 재미있다. 그런 짜릿함을 한 번이라도 맛본 적이 있다면 그다음엔 더 높은 고지를 향해 나아갈 수밖에 없고, 그렇게 조금씩 조금씩 나아가다 보면 성공이라는 문턱에 다다를 수도 있다. 설령 실패하더라도 창업자 본인이 혼신을 다해 전쟁을 치렀다면 자신이 했던 모든 것들은 내재화되어 자기 안에 쌓이게 된다. 창업자는 이런 내공 덕분에 더 강해지고, 성장한다.

누구나 인생은 한 번만 산다. 시작이 있으면 끝도 있다. 생生이 있으면 사死가 있듯이 창업도 시작이 있으면 끝이 있다. 그게 성공이든 실패든, 그것도 아니면 성공으로 가는 과정이든 말이다. 태어나면서부터 죽음의 존재를 이미 알고 있음에도 우리가 삶을 즐기며 열심히 살아가듯이, 창업도 그 과정을 즐겨야 한다. 인생이 의미 있는 이유는 각종 이벤트와 사건들이 인생이라는 여정의 시작부터 끝까지를 채우고 있기 때문이다. 창업도 그 끝을 알지만 그 시작부터 끝까지를 채워가는 여정이 중요하다. 사업을 해나가는 데 있어 결과만을 지나치게 중시한 나머지 그 과정이 행복하지 않은 것도 불행이다. 그 과정까지도 행복하게 회사를 이끌어가는 것은 그래서 중요하다. 그것이 창업자의 리더십인 것이고.

한 번 사는 인생, 쫄지 말고 당당하게, 자신감 있게 살았으면 한다. 자신감 있고 당당하게 살려면 내면이 강해야 한다. 내면이 강해지려면 자신이 누구인지, 왜 사는지에 대해 깊게 고민해보고 해답을 찾아야 한다. 그렇게 내면의 확신이 깊어진 상태에서 과감히 새로운 것들을 시도해보는 것이 좋다. 창업도 왜 하는지를 알고 하는 것이 중요한 것처럼 말이다.

인생은 짧다. 시간도 빨리 간다. 그리고 인생은 남이 나 대신 살아주는 것도 아니다. 자기가 사는 자기 인생인 만큼, 그저 자신의 욕망에 충실하며 '쫄지 말고' 살아갈 수 있다면 좋겠다. 설령 실수한다 하더라도 그것은 누구나 다 하기 마련이니 너무 좌절하지 말고 말이다. 그래도 해보고 후회하는 것이 해보지 않고 가슴 아파하는 것보다는 낫지 않을까.

어떻게 보면 창업이란 것은 자기 것을 하면서 주도적으로 인생을 살아보는 과정이 아닐까 싶다. 100년 수명 시대에 자기 것 한 번 해보지 못하고 죽는 것도 슬픈 일일 터. 기왕 한 번 사는 인생, 자기 것 하고 살았으면 좋겠다.

마지막으로 외쳐본다.

쫄지 말고 창업하라!

Note

쫄지 말고 창업

© 이희우 2014

1판 1쇄	2014년 7월 21일
1판 3쇄	2014년 10월 21일
지은이	이희우
펴낸이	김승욱
편집	김승관 장윤정 한지완
디자인	고은이 최정윤
마케팅	방미연 이지현 함유지
온라인마케팅	김희숙 김상만 한수진 이천희
제작	강신은 김동욱 임현식
펴낸곳	이콘출판(주)
출판등록	2003년 3월 12일 제406-2003-059호
주소	413-120 경기도 파주시 회동길 216 2층
전자우편	book@econbook.com
전화	031-955-7979
팩스	031-955-8855
ISBN	978-89-97453-26-9 03320

＊이 도서의 국립중앙도서관 출판시도서목록(CIP)은 e-CIP 홈페이지(http://www.nl.go.kr/cip.php)에서 이용하실 수 있습니다.(CIP제어번호: CIP 2014020426)